WILHELMUS À BRAKEL

Die Zukunft Israels

SOLA GRATIA
Medien

1. Auflage 2020

Sola Gratia Medien®
Reformations-Gesellschaft-Heidelberg e.V.
Postfach 100141
57001 Siegen
Deutschland
www.solagratia.de

Übersetzung: André Bierlink
Covergestaltung: Nathanael Armisen
Bildnachweis: Blick auf Jerusalemer Altstadt: Borya Galperin | shutterstock.com
Klagemauer: Stanislav Samoylik | shutterstock.com
Portrait Brakel: Rijksmuseum | Public Domain
Satz: Uhl + Massopust, Aalen
Druck: MCP
ISBN: 978-3-948475-09-3

Die niederländische Originalausgabe erschien unter dem Titel:
Toekomst voor Israël

Wenn nicht anders angegeben, wurden Bibelzitate
der Lutherbibel 1912 entnommen.

Wir bedanken uns bei unserem Kooperationspartner, der Stiftung Freunde von Heidelberg und Dordrecht

STIFTUNG FREUNDE VON
HEIDELBERG & DORDRECHT

Im Jahr 2003 gründeten verschiedene Pfarrer und Gemeindeglieder aus mehreren reformierten Kirchen der Niederlande die *Stichting Vrienden van Heidelberg en Dordrecht*. Ihr Ziel war es, die Verbreitung bibeltreuer Literatur in Deutschland zu fördern. Denn es war ihnen aufgefallen, dass selbst grundlegende Werke der *Nadere Reformatie* und des *Puritanismus* in Deutsch nicht verfügbar waren. Gerade diese Werke haben aber in den Niederlanden einen großen Segen hinterlassen. Sie werden von den niederländischen Christen bis heute gerne gelesen und als sehr hilfreich für das Glaubenslehren empfunden. Diese Literatur zurück in das Land Luthers zu bringen ist das Kernanliegen der Stiftung Freunde von Heidelberg und Dordrecht.

Inhalt

Über den Autor

Wilhelmus à Brakel wurde 1635 in Leeuwarden, der Hauptstadt der niederländischen Provinz Friesland, geboren. Er war der einzige Sohn eines anderen bekannten Predigers des Evangeliums – Theodorus à Brakel. Die Frömmigkeit seiner Eltern prägte die Erziehung ihres Sohnes, des einzigen Überlebenden von sechs Kindern. Er besuchte die Lateinschule in Leeuwarden und studierte in Franeker und Utrecht. Im Jahr 1659 schloss er sein Studium ab. Da in Friesland kaum Pastoralstellen zu besetzen waren, wurde er erst 1662 zum Priester geweiht. Die Übergangszeit war jedoch für ihn eine sehr fruchtbare Zeit, da er an der Universität Utrecht bei dem bekannten Theologen Gisbertus Voetius studierte. Dieser hat ihn in Bezug auf seine persönliche Frömmigkeit stark beeinflusst.

Einundzwanzig Jahre lang diente à Brakel in seiner Heimatprovinz Friesland. Während dieser Zeit gewährte ihm der Herr auch eine gottesfürchtige und treue Frau, Sara Nevius, die er 1663 heiratete und mit der er eine gesegnete Ehe führte. Aus ihrer Ehe gingen vier Töchter und ein Sohn hervor, die fast alle früh verstarben.

Von 1683 bis zu seinem Lebensende (1711) währte sein Pastorat in Rotterdam. Diese Zeit war geprägt durch seinen Kampf gegen die Labadisten, eine pietistisch-religiösen Sekte im 17. Jahrhundert. Jean de Labadie – ein ehemaliger Jesuit, der als Pastor der wallonischen Kirche von Middelburg nach einer reinen Kirche nur für wahre Gläubige strebte – war ihr Namensgeber. Dieser wurde im Jahr 1669 als Prediger abgesetzt und versammelte anschließend in Amsterdam eine Gruppe von Anhängern um sich. Brakels Lebensabschnitt in Rotterdam war zudem bestimmt von seinem Kampf für die Unabhängigkeit der Kirche. Seine unerschütterliche Überzeugung war, dass Christus allein das Haupt seiner Kirche ist und dass die Regierung – ob lokal, provinziell oder national – keine Geschäfte mit kirchlichen Angelegenheiten macht. Dieser kompromisslose Standpunkt führte zu einer Auseinandersetzung mit den Stadtvätern von Rotterdam, welche schließlich durch die Intervention durch Gouverneur William III (der später auch König von England wurde) überwunden wurde. In die Rotterdamer Zeit fällt zudem die Veröffentlichung seines Magnum-Opus: De Redelijke Godsdienst (dt.: Der vernünftige Gottesdienst), dessen Titel Römer 12, 1 entlehnt ist – einer systematischen Theologie, die für die Gemeindemitglieder geschrieben wurde. Das Werk ist von der praktischen und erfahrungsmäßigen Anwendung der dargelegten Lehren durchdrungen, wodurch die lebenswichtige Beziehung zwischen der objektiven Wahrheit und der subjektiven Erfahrung dieser Wahrheit hergestellt wird.

Bis zu seinem letzten Tag blieb er ein Mann des Gebets, der sich immer wieder für das Wohlergehen der Gemeinde einsetzte. In den Wochen vor seinem Tod sagte er: „Hier liegt dieser Baum, der 76 Jahre lang stand, viele Sommer und Winter überstanden hat, Jesus hat ihn gepflanzt, in seinen Hof gesetzt, ihn groß gemacht, und jetzt nimmt er ihn weg."

Die Herausgeber

Einleitung

Für sein Werk *De Redelijke Godsdienst* [deutsch: Der vernünftige Gottesdienst] wurde Wilhelmus à Brakel über die Jahrhunderte große Wertschätzung entgegengebracht. Leider wurden seine Reden über die Zukunft des Reiches Gottes häufig als von geringerem Wert angesehen. Nicht selten wurde à Brakel – wegen seiner positiven Zukunftserwartung für die Gemeinde im Allgemeinen und für das jüdische Volk im Besonderen – kurzerhand des „Chiliasmus“ [Anm.: die Erwartung des Tausendjährigen Reiches nach der Wiederkunft Christi] beschuldigt. Jedoch zu Unrecht! À Brakel stand mit seinen Aussagen bezüglich der Dinge, die seiner Erwartung nach geschehen würden, den Auffassungen anderer Theologen seiner Zeit näher, als es vielen bewusst ist. Und er hielt sich fern von den fantasiereichen Spekulationen, die schon damals in sektiererischen Kreisen eine Rolle spielten.

Dass Gottes Gemeinde vor Vollendung der Welt noch eine Blütezeit erleben würde, war ein häufig anzutreffendes Empfinden. Entdecker hatten unbekannte Erdteile erforscht und man war sich dessen bewusst, dass Gottes Wort auch dort noch verkündigt werden sollte.

Die erwartete Bekehrung des jüdischen Volkes, von der dieses Buch handelt, wurde von fast allen Theologen der Nadere Reformatie [der Erscheinungsform des Pietismus innerhalb der niederländisch reformierten Gemeinde des 17. und 18. Jahrhunderts] aufgrund verschiedener Schriftstellen angenommen. Vor allem durch den Einfluss Abraham Kuypers ging diese Erwartung im 19. und 20. Jahrhundert fast verloren, wenngleich sie bei jenen präsent blieb, die die „Urväter" lasen.

Übrigens ist auch in den Randkommentaren der niederländischen Staatenübersetzung zu Römer 11,26a, wo Paulus schreibt: *„Und also das ganze Israel selig werde"*, zu lesen: „... das heißt: nicht einige wenige, sondern eine sehr große Menge, und praktisch die ganze jüdische Nation."

Es ist daher nicht gerechtfertigt, à Brakels Erwartung der „Bekehrung der ganzen jüdischen Nation" als chiliastisches Gedankengut zu bezeichnen, insbesondere dann nicht, wenn wir berücksichtigen, was in diesem von à Brakel verfassten Buch über die Bekehrung Israels zu lesen ist: „Nicht dass sie alle in Wahrheit wiedergeboren und der ewigen Seligkeit teilhaftig werden, sondern, dass sie alle erkennen und bekennen werden, dass Jesus der Christus ist, der verheißene Messias, der Heiland." Obwohl Pfarrer G.H. Kersten à Brakel als gemäßigten Chiliasten bezeichnet, schreibt er in seiner *Dogmatik*, nachdem er in groben Zügen die Gesamtheit von à Brakels Auffassungen wiedergegeben hat, zusammenfassend, dass „der beim reformierten Volk so sehr beliebte Theologe auf sehr deutliche Weise alle Beiträge hinsichtlich der Erwartung der Chiliasten verwirft."

Die erwartete Bekehrung des jüdischen Volkes kann also nicht als „chiliastische Vorstellung" abgestempelt werden. Und auch à Brakels Zukunftserwartung verdient diese Bezeichnung nicht. Zwar wurde das Wort „Chiliasmus" in den vergangenen Jahrhunderten oft im allgemeinen Sinne für Menschen mit einer positiven Zukunftserwartung verwendet. Dies wird jedoch dem großen Unterschied zu den Ansichten von Sektierern aus allen Jahrhunderten nicht gerecht, die eine ganz andere Zukunft erwarteten als die gegenwärtige Zuteilung des Gnadenbundes.

À Brakel glaubte nicht an eine zweifache Wiederkunft Christi; er bezeichnet dies als eine Erfindung der Chiliasten oder „Tausendjährigen"! Dennoch schrieb à Brakel, im Gegensatz zu vielen seiner Zeitgenossen, dass er die tausend Jahre aus Offenbarung 20 noch ganz und gar in der Zukunft liegen sah. Meist dachte man, in Übereinstimmung mit verschiedenen schottischen Puritanern, wie etwa James Durham, dass man bereits in der dort beschriebenen Zeit lebe. À Brakel aber stimmte mit anderen darin überein – und darin unterschied er sich eben von den Chiliasten – dass man die in Offenbarung 20 genannten Dinge nicht wörtlich nehmen muss. Was die Zeit von tausend Jahren angeht, sagt er, dass es wesentlich eine bestimmte Zeit von etwa tausend Jahren sein werde. „Das ist nicht so zu verstehen, als ob in jener Zeit der tausend Jahre ganz und gar keine Teufel mehr auf Erden sein werden; er wird immer wie ein brüllender Löwe umhergehen, suchend wen er verschlingen kann." Es gibt eben nur „keine öffentliche Parteinahme gegen die Gemeinde", also keine öffentlichen Verfolgungen. Was die Vorstellungen der Chiliasten angeht, sagt er: „Solch ein Schlaraffenland würde den faulen und müßigen Menschen wohl behagen … Erwartet von mir nicht eine genaue Bestimmung jener Zeit, allein sage ich, dass ich sie nicht erleben werde", schreibt er darüber im ursprünglichen Text.

Bezüglich seiner Erwartung der zukünftigen herrlichen Aussichten für die Gemeinde, sagt à Brakel schließlich: „Dies ist die Ansicht sehr vieler vortrefflicher Theologen aller Zeiten und bei weitem der meisten in unseren Tagen, und mir ist es so klar aus dem

Worte Gottes, dass ich darüber ganz und gar keine Zweifel habe." Er widersetzt sich aber dem, was er „irdische Gedanken" nennt. Am Anfang dieses Zeitraums wird nicht Christus wiederkommen und die Märtyrer werden nicht leiblich auferstehen. Es werden noch viele Unbekehrte in der Gemeinde sein, und die Gläubigen werden wie zuvor auch sterben.

So zeigen sich bei ihm in wesentlichen Punkten Unterschiede zu den chiliastischen Sichtweisen; er erwartet, in Übereinstimmung mit den Bekenntnissen der Gemeinde, ein geistliches Königreich, wohl aber in einer herrlichen Blütezeit: „Die Gemeinde aus den Heiden wird durch die Bekehrung Israels so sehr aufgerüttelt und belebt werden, dass ihr vorheriger Zustand sich so sehr davon unterscheiden wird wie ein Toter von einem Lebenden. Die Unbekehrten werden in großen Scharen bekehrt werden, und die Bekehrten werden einer wundersamen Vermehrung der Stufen der Gnade teilhaftig werden. Oh! Was wird das für eine herrliche Zeit sein! Wer wird sie erleben?"

Im Folgenden können Sie lesen, wie à Brakel glaubte, dass das jüdische Volk nach Palästina zurückkehren werde. Jedoch glaubte er nicht, dass der Tempel wieder errichtet werden werde, oder – ich zitiere – „dass darin Gottesdienst wie auf vorherige Weise stattfinden solle, gemäß dem Vorbild, wie dies vor dem Kommen des Messias war, und als ob dies noch ein Abbild dessen sein müsste. Außerdem bestreiten wir, dass Israel dann die Herrschaft über die ganze Welt haben wird und dergleichen Dinge, die die Juden sich einbilden und von denen manche Christen träumen." Jedoch denkt er, dass sie eine selbstständige und gute Republik mit einer herrlichen Regierung in einem fruchtbaren Kanaan schaffen werden und dass die Einwohner überaus gottesfürchtig leben und Teil der Gemeinde sein werden, die, wie verheißen, tausend Jahre lang in einem herrlichen Zustand sein wird.

À Brakel beendet seine Abhandlung über die Zukunft der jüdischen Nation mit der Aussage, dass er dies nicht als „Stoff für Spekulationen" ansieht, sondern möchte dass man in verschiedener Hinsicht pflichtbewusst auf dieses Ziel hinarbeitet. Zu aller erst möchte er, dass man Gott wegen Seiner Bundestreue verherrlicht. Im Weiteren sagt er, dass man die Juden nicht verachten darf. Dies ist bereits genug geschehen; wir sollen nicht hochmütig sein, sondern gottesfürchtig und ihnen mit Liebe begegnen. Drittens ruft er zu Mitleid mit ihrer Lage auf; sie begnügen sich mit einer Religion, die dieses Namens unwürdig ist; in dem Stand, in dem sie jetzt leben, werden sie nicht selig, sondern verdammt. Viertens soll man für ihre Bekehrung beten. Fünftens soll man durch ein heiliges Leben Neid in ihnen hervorrufen. Man soll durch das freundliche Gespräch ihre Nähe suchen. Man soll über den Messias reden, aber auch über die Scheußlichkeit der Sünde und über die Verdammnis. Wir sollen ihnen zeigen, dass sie nicht durch Werke vor Gott gerecht werden können. Wir sollen ihnen aus dem Alten Testament zeigen, dass nur der Messias für ihre Sünden bezahlen kann, so à Brakel.

Es wird sich als nützlich erweisen, von à Brakels Auffassungen Kenntnis zu nehmen. Lesen Sie seine Schrift in dem Bewusstsein, dass er im 17. und 18. Jahrhundert lebte. Seine Auffassungen muss niemand kritiklos übernehmen, dennoch wird niemand sich seinen eindrücklichen Ausführungen entziehen können, in denen er zeigt, dass seine Zukunftserwartungen für Israel sich auf die Bibel gründen. Jene, die à Brakel hier nicht zustimmen können, müssten zumindest die von ihm zitierten und ausgelegten Texte plausibler erklären können.

Wer bei alledem vergisst, dass wir über die Zukunft des alten Bundesvolkes nicht nachdenken können, ohne zu untersuchen, ob wir selbst biblische Gründe für eine gute Zukunftserwartung haben, der vergisst auch, dass à Brakels Ausführungen mit einer biblisch fundierten Glaubenslehre im Zusammenhang stehen.

Weil à Brakel seine Auffassungen über die Zukunft des jüdischen Volkes so deutlich biblisch untermauert hat, schien es mir nützlich, seine Ausführungen hierüber noch einmal in einem übersichtlichen Werk zu publizieren.

Diese sind eigentlich ein Kapitel aus seinem *De Redelijke Godsdienst* [deutsch: Der vernünftige Gottesdienst], jedoch viel übersichtlicher wiedergegeben. Dieses Handbuch für die reformierte Glaubenslehre besteht aus drei Teilen, die meist in zwei Bänden herausgegeben wurden. Im dritten Teil bespricht à Brakel zunächst den Gnadenbund und seine Zuteilung sowohl im Alten als auch im Neuen Testament. Im Folgenden gibt er eine Auslegung der Offenbarung des Johannes.

Der hier einzeln herausgegebene Text ist das 6. Kapitel aus dem dritten Teil. À Brakel bietet darin eine Übersicht „von der Gemeinde des Neuen Testamentes, von der Geburt Jesu Christi an, bis zur Offenbarung des Johannes", wie er selbst schreibt. Es geht aber letztlich um die Zukunft für Israel.

Um die Einteilung dieses Werkes übersichtlicher zu machen, wurden an verschiedenen Stellen Zwischenüberschriften eingefügt; diese sind auch in der Inhaltsangabe zu finden. Des Weiteren findet sich am Ende des Buches ein Bibelstellenverzeichnis, um das Auffinden verschiedener zitierter oder erklärter Texte zu erleichtern.

Möge die Ausgabe dieses von à Brakel geschriebenen Werkes

nicht nur zu einer biblischen Zukunftserwartung für Israel beitragen, sondern auch Liebe wecken bzw. dazu anfachen, den „Geliebten um der Väter Willen“ das Evangelium zu verkünden. Denn kein Jude wird die Seligkeit erben auf irgendeine andere Weise, als auch jeder von uns. Es wird sein, wie unsere Väter bei ihrer Erklärung von Römer 11,26 in der Staatenübersetzung kommentierten: „durch die Predigt des Evangeliums kräftig berufen und durch den Glauben gerechtfertigt.“

C. J. Meeuse

I. Biblische Geschichte

1. Die Geburt Jesu Christi

Als die Zeit gekommen war, die Gott in seinem Ratschluss bestimmt hatte und von der Paulus sagte, dass sie *erfüllet ward (Gal 4,4),* schickte Gott den Engel Gabriel zu Zacharias, einem Priester. Der Engel sagt ihm an, dass seine Frau Elisabeth (obwohl sie beide schon alt waren) einen Sohn gebären werde und dass er ihn *Johannes*, das bedeutet *Wohlgeruch*, nennen sollte. Er war der Vorläufer des Herrn Jesus und soll gemäß den Verheißungen im Geist und in der Kraft Elias kommen.

Etwa sechs Monate danach wurde der Engel Gabriel zu Maria, einer sehr gottesfürchtigen Magd aus dem Geschlecht Davids, gesandt. Er kündigte ihr an, dass sie durch die Schöpferkraft des Heiligen Geistes befruchtet werden und einen Sohn gebären werde. Sie erhielt den Befehl, ihn Jesus zu nennen, weil er der Erlöser sein würde. Nach neun Monaten gebar sie ihren ersten Sohn, der etwa 4000 Jahre zuvor von Gott verheißen worden war und der von den Gläubigen bereits sehnsüchtig erwartet wurde.

Jetzt gerieten Himmel und Erde in Bewegung. Ein Engel kündigte die Geburt des Heilands einigen Hirten an. Eine Menge heiliger Engel bekräftigte dies, indem sie Gott verherrlichten mit den Worten: *Ehre sei Gott in der Höhe und Friede auf Erden bei den Men-*

schen seines Wohlgefallens. (Lk 2,14) Die Hirten gingen daraufhin nach Bethlehem und fanden den neugeborenen Heiland in Windeln gewickelt, liegend in einer Krippe und sie machten dies allerorten bekannt.

Danach kamen vornehme Weise aus dem Osten nach Jerusalem und fragten nach dem neugeborenen König der Juden. Dies versetzte ganz Jerusalem in Aufruhr. Herodes versammelte den großen Rat der Hohepriester und Schriftgelehrten, um von ihnen zu erfahren, wo der verheißene Messias geboren werden sollte. Daraufhin schickte er die Weisen nach Bethlehem. Diese Weisen wurden von einem ungewöhnlichen Stern geleitet, einem Stern, der ihnen vorausging und über jenem Ort stehenblieb, an dem Jesus war. Sie fanden und verherrlichten Ihn.

Noch bekannter wurde die Geburt des Herrn Jesus durch den Mord an den Kindern im Alter von zwei Jahren oder darunter in Bethlehem und Umgebung, der von Herodes begangen wurde, um den Messias als Kind[1] zu töten, denn er dachte, dass dieser unter den Kindern wäre. Doch Josef und Seine Mutter, durch göttliche Offenbarung dazu angehalten, flüchteten mit Ihm nach Ägypten, und nach der Rückkehr ins jüdische Land wohnten sie in Nazareth in Galiläa.

Als Jesus zwölf Jahre alt war, lies Er unter den Lehrern im Tempel etwas von Seiner Göttlichkeit erkennen,[2] so dass jene sich über Seinen Verstand entsetzen.

---

1 Im Original: „in seiner Kleinheit"

2 Im Original: „gibt einen Strahl seiner Gottheit von sich"

2. Sein öffentliches Wirken

Nachdem Jesus sich bis zu seinem dreißigsten Lebensjahr verborgen hielt, begann Johannes der Täufer zu predigen, zu taufen und den Weg für den Herrn Jesus zu bereiten. Der Herr Jesus kam zu ihm und wurde von ihm getauft. Johannes erkannte Ihn und macht Ihn dem Volk bekannt.

Danach trat der Herr Jesus öffentlich in Erscheinung. Er predigte mit großer Kraft und Gnade und zeigte sich als der Heiland durch zahllose Wunder, die sich von Heilungen bis hin zur Erlösung aus allerlei Elend erstreckten. Hierdurch hingen Ihm alle Menschen an, und sein Ruf verbreitete sich nicht nur im jüdischen Volk, sondern erreichte auch verschiedene Gegenden und Länder außerhalb Kanaans. Aber weil Er nicht mit äußerlicher Herrlichkeit kam und nichts zur Errichtung eines irdischen Königreichs und zur Erlösung des jüdischen Volkes von der Herrschaft des Kaisers tat und weil er vom Volk höher geachtet wurde als die Pharisäer und Schriftgelehrten, wurden diese mit Neid und Hass gegen Ihn erfüllt und versuchten, Ihn zu töten.

Als der Herr Seinen Lauf vollendet hatte, stellte Er Sich, um Sein Opfer als Lösegeld für die Auserwählten zu bringen. Er ließ Sich gefangennehmen und alles an Sich geschehen, was von Ihm prophezeit war, und am Kreuz töten. Am dritten Tage stand Er von den Toten auf, fuhr nach 40 Tagen auf zum Himmel und goss zehn Tage darauf zum Pfingstfest den Heiligen Geist über die Apostel aus. Durch ihre Predigt in allerlei Sprachen wurden 3000 Menschen an einem Tag bekehrt; sie fuhren fort mit dem Predigen und dem Vollbringen von Wundern, und hierdurch kam eine große Menge von vielen tausenden Juden zum Glauben an Christus. Ja, dies bleibt nicht auf die Juden beschränkt, sondern das Evangelium wurde auch unter den Heiden verkündet, die es mit großem Verlangen hörten, annahmen und bekehrt wurden.

3. Ostern und Pfingsten

Der Herr hatte zuvor das jüdische Volk durch viele Anschläge von innen und außen großenteils unter allerlei Völkern unter der Sonne verstreut. Von diesen (Verstreuten) kam, nach dem Befehl Gottes, jedes Jahr eine unzählbare Menge zu den drei Festtagen nach Jerusalem. Weil Ostern und Pfingsten kurz aufeinander folgten, blieben die meisten, die weit abgelegen wohnten, die Zeit über in Jerusalem, um an beiden Festen teilzunehmen.

Der Herr fügte es nach Seiner Vorsehung, dass Jesus an Ostern gekreuzigt wurde und nach drei Tagen wieder auferstand, und dass auf außergewöhnliche Weise zu Pfingsten der Heilige Geist ausgegossen wurde. Eine große Menge Juden nahm Christus als den lange verheißenen Messias an. Dies bahnte den Weg zur Bekehrung der Heiden. Denn wenn sie in ihr Land zurückkehrten, erzählten sie, was in Jerusalem geschehen war und dass Jesus von vielen als der Messias erkannt und angenommen wurde.

Wenn die verstreuten Apostel und andere Gläubige dann in ihr Land kamen, erhielten sie Zugang unter den Juden und bei der Gelegenheit auch unter den Heiden.

4. Den Heiden das Evangelium gebracht

Während das Evangelium unter den Juden Fuß fasste, verharrte der Teufel nicht, sondern wiegelte seine Werkzeuge gegen die Christen-Juden auf. Der tief verwurzelte Hass gegen Christus und gegen alle, die an Ihn glaubten und Ihn als den Messias erkannten, veranlasste die Hohepriester und Schriftgelehrten dazu, die Gemeinden in Jerusalem und Judäa mit allen Kräften zu verfolgen. Dazu bewogen sie, soweit sie konnten, die Statthalter, die ihnen bei der Verfolgung mitunter halfen. Je größer die Verfolgungen jedoch wurden, desto stärker gelangte das Evangelium zum Durchbruch, bis die Bekehrung unter den Juden aufhörte, die Verhärtung über das ganze Volk ausgegossen wurde und sie das Evangelium einmütig ablehnten. Infolgedessen verblieb das Evangelium unter den Heiden.

Es ist ein Wunder, dass sich das Evangelium so schnell unter den Heiden verbreitete und ganz Asien, Afrika und Europa in kurzer Zeit erfüllte. *Wohl, es ist ja in alle Lande ausgegangen ihr Schall und in alle Welt ihre Worte. (Röm 10,18).* Und der Herr wurde *gefunden von denen, die Ihn nicht gesucht haben, und ist erschienen denen, die nicht nach Ihm gefragt haben. (Röm 10,20)*

So sind alle Prophezeiungen von der Berufung der Heiden in Erfüllung gegangen, und der Herr Jesus empfing die Verheißung: *Heische von mir, so will ich dir Heiden zum Erbe geben und der Welt Enden zum Eigentum. (Ps 2,8) Er wird herrschen von einem Meer bis ans andere und von dem Strom an bis zu der Welt Enden. (Ps 72,8).*

5. Jerusalem zerstört

Das Evangelium wurde unter den Heiden aufgerichtet, und das jüdische Volk wurde verstockt. Da goss der Herr Seinen Zorn in außerordentlicher Weise über dieses undankbare, bösartige Volk, das Ihn vergessen hatte, aus, welches das Blut des Herrn Jesus, Den es verworfen und Dessen Tod es gefordert hatte, über sich und seine Kinder ausgerufen hatte. Jerusalem wurde in die Hand von Titus Flavius Vespasianus gegeben, der den Tempel und ganz Jerusalem – ungefähr 70 oder 72 Jahre nach Christi Geburt und ungefähr 40 Jahre nach Christi Himmelfahrt – in Schutt und Asche legte und dem Erdboden gleichmachte. Das jüdische Volk wurde unter alle Völker der Erde verstreut, und die äußerste Verschmähung und Verachtung blieb auf ihm bis zum heutigen Tag.[3] So wurde die Stadt, die zuvor eine Zierde für die ganze Erde war, die vollkommene Schönheit, der Versammlungsort des Volkes Gottes zu seinem Dienst, so zerstört, dass man den Ort nicht mehr (wieder) erkannte. So wurde der Tempel, in dem der zeremonielle Gottesdienst betrieben wurde, wo Gott einst zwischen den Cherubim wohnte, mit allen zeremoniellen Diensten, die schon lange ausgedient hatten und unnütz waren, fortgenommen. Aber das Evangelium wurde in Herrlichkeit und Klarheit unter den Heiden verbreitet, die Gott in Geist und Wahrheit dienten.

---

3 gemeint ist à Brakels Zeit

II. Der Unterschied zwischen Altem und Neuem Testament

Es gibt einen sehr großen Unterschied zwischen der Gemeinde und der Art und Weise des Gottesdienstes im Alten Testament einerseits und der Gemeinde und dem Gottesdienst des Neuen Testamentes andererseits. Letzterer hebt sich sehr von dem ersten ab, unter anderem auch in diesen vier Dingen:

1. Äußere Pflichten wurden ersetzt durch einen mehr geistlichen Dienst

Im Alten Testament, obwohl es den gleichen Bund, denselben Mittler Jesus und dieselben geistlichen Güter gab wie jetzt, geschah der Dienst jener Zeit durch physische und sichtbare Dinge, die ein Schattenbild des zukünftigen Messias und seiner Taten waren.

Es war zwar ein besonderer Segen, dass ihnen so der Messias täglich sichtbar dargestellt wurde, und dass sie durch äußerliche Reinigung zur inwendigen Reinigung der Seele angeleitet wurden, jedoch war es für den Leib strapaziös und hinderlich. Es gab eine Unmenge von Pflichten, wie etwa die schmerzhafte Beschneidung, das fortwährende Achtgeben, etwas nicht anzurühren noch zu schmecken, eine große Menge leiblicher Verunreinigungen und dafür Waschungen und Opfer! Doch im Neuen Testament sind all diese Dinge beseitigt, und an die Stelle aller Äußerlichkeiten[4] hat der HERR eine mehr geistliche, erhabenere, verborgenere und in dieser Hinsicht unmittelbarere Weise des Gottesdienstes eingeführt. Man naht sich der Sache nun nicht durch Schatten, sondern *die wahrhaftigen Anbeter beten den Vater im Geist und in der Wahrheit an (Joh 4,23).*

Jetzt dürfen wir ohne Schatten direkt ins Heiligtum eintreten.

So wir denn nun haben, liebe Brüder, die Freudigkeit zum Eingang in das Heilige durch das Blut Jesu, welchen er uns bereitet hat zum neuen und lebendigen Wege durch den Vorhang, das ist durch sein Fleisch, und haben einen Hohenpriester über das Haus Gottes: so lasset uns hinzugehen mit wahrhaftigem Herzen in völligem Glauben, besprengt in unsern Herzen und los von dem bösen Gewissen und gewaschen am Leibe mit reinem Wasser (Hebr 10,19-22).

So lasset nun niemand euch Gewissen machen über Speise oder über Trank oder über bestimmte Feiertage oder Neumonde oder Sabbate; welches ist der Schatten von dem, das zukünftig war; aber der Körper selbst ist in Christo (Kol 2,16-17).

Ihr aber, liebe Brüder, seid zur Freiheit berufen! Allein sehet zu, dass ihr durch die Freiheit dem Fleisch nicht Raum gebet; sondern durch die Liebe diene einer dem andern (Gal 5,13).

2. Die Verbreitung des Evangeliums unter vielen Völkern

Zwar bestand die Gemeinde vor der Berufung Abrahams aus allerlei Völkern ohne Unterschied, doch breitete sie sich nicht stark aus und hatte nur wenig Licht und Herrlichkeit.

---

4 Im Original: „Leiblichkeiten“

Doch nachdem Gott den Bund mit Abraham geschlossen hatte, schied der Herr alle anderen Völker von ihm und ließ sie in ihren Wegen wandeln. Die Gemeinde aber wurde in Abrahams Nachkommenschaft von Isaak beschlossen. *Er zeigt Jakob sein Wort, Israel seine Sitten und Rechte. So tut er keinen Heiden, noch lässt er sie wissen seine Rechte. Halleluja! (Ps 147,19-20).*

Doch nach der Ankunft des Herrn Jesus ist der Unterschied zwischen den Nationen weggenommen. Ja, der Herr Jesus goss die Verstockung auf sein altes Volk aus und nahm die Heiden als sein Volk an. ... *sondern in allerlei Volk, wer ihn fürchtet und recht tut, der ist ihm angenehm (Apg 10,35). Nun aber seid ihr, die ihr in Christo Jesu seid und weiland ferne gewesen, nahe geworden durch das Blut Christi. Denn er ist unser Friede, der aus beiden eines hat gemacht und hat abgebrochen den Zaun, der dazwischen war, indem er durch sein Fleisch wegnahm die Feindschaft, nämlich das Gesetz, so in Geboten gestellt war, auf dass er aus zweien einen neuen Menschen in ihm selber schüfe und Frieden machte (Eph 2,13-15).*

Nun hängen die Heiden dem Ruhebringer an und gehorchen ihm, *(1. Mose 49,10).* Nun steht die Wurzel Isai zum Zeichen für die Völker, *(Jes 11,10). Und viele Völker hingehen und sagen: Kommt, lasst uns auf den Berg des HERRN gehen, zum Hause des Gottes Jakobs, daß er uns lehre seine Wege und wir wandeln auf seinen Steigen! (Jes 2,3). Paulus aber und Barnabas sprachen frei und öffentlich: Euch musste zuerst das Wort Gottes gesagt werden; nun ihr es aber von euch stoßet und achtet euch selbst nicht wert des ewigen Lebens, siehe, so wenden wir uns zu den Heiden. Denn also hat uns der HERR geboten: „Ich habe dich den Heiden zum Licht gesetzt, dass du das Heil seist bis an das Ende der Erde.“ Da es aber die Heiden hörten, wurden sie froh und priesen das Wort des HERRN und wurden gläubig, wie viele ihrer zum ewigen Leben verordnet waren. (Apg 13,46-48).*

So wurde Abraham der Welt Erbe, (Röm 4,13), ein Vater vieler Völker (V. 17), weil Abraham als Götzendiener unmittelbar berufen wurde, durch ihn seine Nachkommen unterwiesen wurden und durch seine Nachkommen das Evangelium den Heiden verkündigt und überbracht wurde. Durch ihn haben sie Christus, dem verheißenen Nachkommen Abrahams, geglaubt: ... *nicht alle, die Abrahams Nachkommen sind, sind darum seine Kinder. Sondern nur was von Isaak stammt, soll dein Geschlecht genannt werden« das heißt: nicht das sind Gottes Kinder, die nach dem Fleisch Kinder sind; sondern nur die Kinder der Verheißung werden als seine Nachkommenschaft anerkannt auch nicht alle, die Abrahams Same sind, sind darum auch Kinder. Sondern „in Isaak soll dir der Same genannt sein"(1.Mose 21,12). Das ist: nicht sind das Gottes Kinder, die nach dem Fleisch Kinder sind; sondern die Kinder der Verheißung werden für Samen gerechnet. (Röm 9,7-8).*

3. Strenge Satzungen machen einem lieblichen Dienst Platz

Im Alten Testament war der Gottesdienst von einer mehr gesetzlichen Art, im Neuen Testament aber von einer evangelischen und lieblichen Art. Siehe den Vergleich: *Denn ihr seid nicht gekommen zu dem Berge, den man anrühren konnte und der mit Feuer brannte, noch zu dem Dunkel und Finsternis und Ungewitter ... sondern ihr seid gekommen zu dem Berge Zion und zu der Stadt des lebendigen Gottes, dem himmlischen Jerusalem, und zu einer Menge vieler tausend Engel (Hebr 12,18, 22).*

4. Spärliches weicht Üppigem

Weniger Menschen glaubten an die Wahrheit, und diejenigen, die gläubig waren, besaßen in der Regel die geistlichen Güter in geringerem Maße. Aber im Neuen Testament ist alles im Überfluss vorhanden.

a. Es gibt mehr Gabe des Geistes: *Denn ich will Wasser gießen auf das Durstige und Ströme auf das Dürre: ich will meinen Geist auf deinen Samen gießen und meinen Segen auf deine Nachkommen, dass sie wachsen sollen wie Gras, wie Weiden an den Wasserbächen (Jes 44,3-4).*

Und nach diesem will ich meinen Geist ausgießen über alles Fleisch (Joel 2,28).

Der Herr Jesus taufte, nachdem er gekommen war, Seine Kinder mit dem Heiligen Geist und mit Feuer, *(Mt 3,11),* und gießt Diesen reichlich über ihnen aus *(Titus 3,6).*

b. Dadurch gibt es ein größeres Maß an Licht, so wie prophezeit war: *… denn das Land ist voll Erkenntnis des HERRN, wie Wasser das Meer bedeckt (Jes 11,9).* So ist es auch geschehen: *Und die Salbung, die ihr von ihm empfangen habt, bleibt bei euch, und ihr bedürfet nicht, dass euch jemand lehre; sondern wie euch die Salbung alles lehrt, so ist's wahr und ist keine Lüge, und wie sie euch gelehrt hat, so bleibet bei ihm (1. Joh 2,27).*

c. Hieraus entspringt ein größeres Maß an Heiligkeit: *Und dein Volk sollen eitel Gerechte sein; sie werden das Erdreich ewiglich besitzen, als die der Zweig meiner Pflanzung und ein Werk meiner*

Hände sind zum Preise. Aus dem Kleinsten sollen tausend werden und aus dem Geringsten ein mächtiges Volk. Ich der HERR, will solches zu seiner Zeit eilend ausrichten (Jes 60,21-22).

Zu der Zeit wird der HERR beschirmen die Bürger zu Jerusalem, und es wird geschehen, dass, welcher schwach sein wird unter ihnen zu der Zeit, wird sein wie David; und das Haus David wird sein wie Gott, wie des HERRN Engel vor ihnen (Sach 12,8).

... denn der HERR Zebaoth wird seine Herde heimsuchen ... und wird sie zurichten wie ein Ross, das zum Streit geschmückt ist ... und sie sollen sein wie die Riesen (Sach 10,3,5).

... der Schwache spreche: Ich bin stark! (Joel 3,10).

d. Das Neue Testament hat einen vertraulicheren und freimütigeren Umgang mit Gott: *Dieweil wir denn einen großen Hohenpriester haben, Jesum, den Sohn Gottes, der gen Himmel gefahren ist, so lasset uns halten an dem Bekenntnis. Denn wir haben nicht einen Hohenpriester, der nicht könnte Mitleiden haben mit unsern Schwachheiten, sondern der versucht ist allenthalben gleichwie wir, doch ohne Sünde. Darum lasst uns hinzutreten mit Freudigkeit zu dem Gnadenstuhl, auf dass wir Barmherzigkeit empfangen und Gnade finden auf die Zeit, wenn uns Hilfe not sein wird (Hebr 4,14-16).*

e. Das Neue Testament hat mehr Trost, Frieden und Freude: *Und alle deine Kinder sind Schüler des HERRN, und großen Frieden haben deine Kinder (Jes 54,13).*

Zu seinen Zeiten soll blühen die Gerechtigkeit und großer Friede sein, bis der Mond nicht mehr ist (Ps 72,7).

5. Freude ist angebracht über die Zuteilung des göttlichen Bundes

Vergleiche öfter den Zustand der Gemeinde des neuen Testaments mit den Heiden, denen das Evangelium ganz fremd ist und mit den ketzerischen Versammlungen, die sich selbst den Namen „christlich" geben; und auch mit dem Zustand der Gemeinde des Alten Testamentes und sieh dann, wie herrlich unsere Zeit ist gegenüber jener Zeit.

a. Freue dich darüber. Oh, wie sehnten sich die Gläubigen des Alten Testamentes nach dieser Zeit! Sie beteten darum, sie sangen davon, sie freuten sich darauf. Und da wir nun diese Zeit erleben, sollte unser Herz da nicht weit werden und voll Fröhlichkeit sein über all die gewünschten Segnungen?

b. Danke und preise Gott dafür. Wenn die Gemeinde des Alten Testaments so dankbar war für die Verheißungen und den Gottesdienst, der nur ein Schatten war, wie fröhlich muss unsere Seele den Herrn da loben! Unser Mund muss erfüllt werden mit Seinem Lob und Ihm fortwährend Ehre und Herrlichkeit geben.

c. Wandle nun in diesem Licht in Heiligkeit.: *Kommt nun, ihr vom Hause Jakob, lasst uns wandeln im Lichte des HERRN! (Jes 2,5). Wandelt, wie sich's gebührt eurer Berufung, mit der ihr berufen seid (Eph 4,1). Wandelt nur würdig des Evangeliums Christi (Phil 1,27).*

III. Das ganze jüdische Volk wird wieder zur Bekehrung gelangen

Wir behandelten bisher die Verwerfung der Juden und die Annahme der Heiden zum Volk Gottes. Hier ist eine Frage zu beantworten, nämlich ob das jüdische Volk für immer verstoßen bleibt, oder ob das ganze Volk dereinst zur Bekehrung kommen und glauben und bekennen wird, dass der Messias bereits gekommen ist, und dass Jesus der Christus ist.

Wenn wir von der Bekehrung der Juden sprechen, meinen wir damit das ganze Volk, nicht nur Juda und Benjamin, die aus Babel zurückgekehrt sind und bis zur Zerstörung Jerusalems in Kanaan waren, sondern auch die zehn Stämme. Diese sind nicht beieinander geblieben und andernorts, in einer unbekannten Ecke der Welt, verborgen, so wie es uns die Juden vortäuschen. Vielmehr ist ein Teil von ihnen in den Völkern des Ostens aufgegangen und hat die jüdische Religion verlassen; ein Teil ist bei ihrer Religion geblieben und ist unter den Völkern der Erde verstreut und eine sehr große Menge von ihnen ist auch zurückgekehrt nach Kanaan und lebt vermischt unter den anderen. Anna, die Prophetin, die Tochter Phanuels, aus dem Stamm Aser, diente Gott im Tempel zu Jerusalem, *(Lk 2,36)*. Auch sind viele aus den Stämmen Juda, Benjamin und Levi nicht aus Babel zurückgekehrt, und von den Zurückgekehrten haben auch sehr viele wegen der damaligen Umstände ihr Vaterland verlassen und wurden über die ganze Welt unter allerlei Völkern zerstreut, jedoch sind sie bei der jüdischen Religion geblieben. Jakobus schrieb *an die zwölf Stämme, die in der Zerstreuung sind (Jak 1,1; Schlachter 2000)*. Die Verstreuten kamen aus allerlei Nationen an den Festtagen nach Jerusalem zum Gottesdienst, wie in *Apostelgeschichte 2,5-11* zu sehen ist. Seit der Zerstörung Jerusalems ist das ganze jüdische Volk verstreut und hat keine besondere Heimstätte mehr. Von diesem Volk ohne Unterschied sprechen wir. Und wir glauben, dass es erkennen wird, dass Jesus der Christus, der Messias ist, welcher im Alten Testament verheißen und von den Vätern erwartet wurde. Dies ist die häufigste Erwartung der Theologen aller Zeiten, selbst der Lutheraner und Papisten. Doch es gibt auch solche, die daran zweifeln und manche bestreiten es auch. Um diese Sache zu bekräftigen, werde ich nicht alles hinzuziehen, was dazu gesagt werden könnte. Ich werden nur zwei Beweise aus dem Neuen Testament nehmen, die ich zuvorderst sehe, weil diese nicht im Verdacht stehen, Scheinargumente zu sein. Nachdem diese ausgelegt wurden, werden uns die wenigen Belege, die ich aus den vielen Nachweisen des Alten Testaments vorstelle, mehr Klarheit und Festigkeit geben.

1. Der erste Nachweis aus Römer 11

Den ersten Nachweis entnehmen wir Römer 11. Dieses Kapitel werden wir in seiner Gesamtheit kurz erklären, weil die Aussagekraft unseres Belegs in seinem Zusammenhang liegt.

Dieses Kapitel hat drei Teile:

- Eine Frage, dargestellt als Einwand, *Verse 1 und 2*.
- Die Beantwortung dieser Frage, *Verse 3-32*.
- Schluss, *Verse 33-39*.

a. Wird die neutestamentliche Gemeinde „Israel" genannt?

Unter dem Volk Gottes versteht der Apostel das jüdische Volk, das er meistens, und auch in diesem Kapitel, *Israel* nennt. Gott hatte Jakob den Namen Israel gegeben, nachdem er mit dem Herrn gerungen hatte. Mit diesem Namen wurden seine Nachkommen gerufen. Um jeglichen verborgenen Zweifel zu vermeiden, muss man wissen, dass im ganzen Neuen Testament mit dem Wort Israel nie die Gläubigen, die Gemeinde des Neuen Testamentes gemeint ist. Damit wird immer das jüdische Volk bezeichnet, im Gegensatz und in Abgrenzung zu allen anderen Völkern.

Nur zwei Schriftstellen sollten erklärt werden, darunter

Römer 9: 6-8: *Aber nicht sage ich solches, als ob Gottes Wort darum aus sei. Denn es sind nicht alle Israeliter, die von Israel sind; auch nicht alle, die Abrahams Same sind, sind darum auch Kinder. Sondern „in Isaak soll dir der Same genannt sein". Das ist: nicht sind das Gottes Kinder, die nach dem Fleisch Kinder sind; sondern die Kinder der Verheißung werden für Samen gerechnet.*

Nennt der Apostel hier die Gläubigen aus den Heiden nicht *Israel*?

Antwort: Nein, der Apostel spricht hier ganz und gar nicht über Heiden, sondern nur über Juden. Sein Ziel ist es zu beweisen, dass Gott seinen Bund mit Abraham und seinen Nachkommen nicht aufgekündigt hat, selbst wenn der größte Teil den Messias verworfen haben sollte und nicht an ihn glaubte und dem Evangelium ungehorsam war. Vers 6: *Aber nicht sage ich solches, als ob Gottes Wort darum aus sei.* Gott hat seine Verheißungen und seinen Bund nicht verworfen, denn nicht alle von Abraham waren Teil des Bundes und der Verheißungen. Ismael und die Kinder der Ketura gehörten nicht dazu, sondern nur Isaak. Und weiterhin gehörten auch nicht alle Kinder Isaaks zum Bund und zu den Verheißungen. Esau wurde als ein Unheiliger verstoßen; aber der Bund und die Verheißung galten Jakob, und so weiter. Obwohl viele der Nachkommen Jakobs ungläubig sind und Gott keinen Wohlgefallen an ihnen hatte, so bleibt doch der Bund Gottes mit ihm und seinem Samen bestehen in seinen gläubigen Nachkommen, die als sein Same gerechnet werden. Und so *sind nicht alle Israeliter, die von Israel sind.*

Hinzu kommt, dass die Bekehrung der Heiden den Bund mit Abraham und seinem Samen nicht bestätigt hat, denn dann wäre der Bund mit Abraham und seinem Samen bekräftigt worden, auch wenn nicht einer seiner leiblichen Nachkommen bekehrt gewesen wäre, was widersinnig ist. Paulus spricht von seiner Verwandtschaft nach dem Fleisch und dem Bund Gottes mit Ihnen, und er zeigt, dass der Bund unter den bekehrten Nachkommen Abrahams fortbesteht, obgleich viele ungläubig geblieben sind. Somit spricht dieser Text ganz und gar nicht von Heiden, sondern nur von Juden, und (stellt heraus), dass die Gemeinde des Neuen Testamentes nicht Israel genannt wird.

Galater 6,16: *Und wie viele nach dieser Regel einhergehen, über die sei Friede und Barmherzigkeit und über das Israel Gottes.*

Werden hier nicht alle Gläubigen, Juden wie Heiden, *Israel* genannt?

Antwort: Nein; die Gemeinde bestand seinerzeit aus Juden, wobei die Heiden, als wilde Zweige in den Ölbaum eingepfropft wurden. Die gläubigen Juden wollten, dass die Heiden, die zu Ihnen gekommen und in der Gemeinde mit ihnen vereinigt waren, beschnitten werden sollten. Hiergegen wendet sich der Apostel und erklärt, dass *weder Beschneidung noch Unbeschnittensein* im Glauben etwas bewirkt, oder irgendein Vorrecht gibt; sondern nur *eine neue Kreatur (V. 15)*. Im Zusammenführen von Beschneidung und Unbeschnittensein betont er außerdem, dass über beide Frieden und Erbarmen komme, sofern sie nach der Regel wandeln; sowohl die unbeschnittenen als auch die beschnittenen Gläubigen. Letztere nennt er *das Israel Gottes*. Dies bringt das Wörtchen „und" zum Ausdruck. Wenn er nicht über beide, sowohl über Juden als auch über Heiden spräche, dann würde hier nicht „und" verwendet. Doch will der Apostel hiermit sagen, dass sowohl über die gläubigen Heiden Frieden und Erbarmen komme, als auch über Israel, das Gottes war. Das waren die gläubigen Juden, wodurch er sie ermahnt über Beschneidung und Unbeschnittensein nicht zu streiten. Somit ist hiermit *Israel* gemeint: Die gläubigen Juden und nicht die gläubigen Heiden.

Sowie überall unter *Israel* das jüdische Volk verstanden wird, so auch in diesem Kapitel. Dies geht schon aus der ganzen Argumentation des Apostels hervor, die darauf abzielt, nachzuweisen, dass Gott seinen Bund mit Abraham und dessen Samen nicht aufgehoben hat, obwohl viele ungläubig bleiben; nicht wegen der Bekehrung der Heiden, sondern auch wegen der bekehrten Juden, die in der Zeit des Paulus und in der Zeit nach ihm noch bekehrt werden sollten. Gott würde seinen Bund aufheben, wenn das jüdische Volk ganz und gar verstoßen werden würde und verstoßen bliebe

Man achte auf den fortwährenden Gegensatz zwischen Israel und den Heiden: *Ich bin gefunden von denen, die mich nicht gesucht haben, und bin erschienen denen, die nicht nach mir gefragt haben. (Röm 10,20). Dies sind die Heiden.* Vers 21: Aber in Bezug auf Israel sagt er. So auch in Kapitel 11,11: ... *aus ihrem Fall ist den Heiden das Heil widerfahren*. Vers 12: *Denn so ihr Fall der Welt Reichtum ist...* Vers 13: *Mit euch Heiden rede ich...* Vers 14: *ob ich möchte die, so mein Fleisch sind, zu eifern reizen und ihrer etliche selig machen ...* Vers 15: *Denn so ihre Verwerfung der Welt Versöhnung ist, was wird ihre Annahme anders sein als Leben von den Toten?* In Vers 24 werden die Heiden als Zweige eines wilden Ölbaums den Juden als natürliche Zweige gegenübergestellt.

Aus all diesen Schriftzitaten wird deutlich, dass der Apostel vom jüdischen Volk spricht, das er *Israel* nennt, welches er den gläubigen Heiden gegenüberstellt. Er nennt das jüdische Volk, welches damals von Gott verstockt und verlassen wurde, *Gottes Volk. Hat Gott sein Volk verstoßen?*

Er nennt es *Gottes Volk*, nicht wegen ihres Glaubens und ihrer Buße, denn sie waren ungläubig und ungehorsam, sondern wegen des Bundes, den Gott mit Abraham und dessen Samen geschlossen hatte, *1. Mose 17,7*. Wie auch Petrus es zeigt: *Ihr seid der Propheten und des Bundes Kinder, welchen Gott gemacht hat mit euren Vätern, da er sprach zu Abraham: „Durch deinen Samen sollen gesegnet werden alle Völker auf Erden." (Apg 3,25).*

Dies haben wir ausführlicher besprochen, damit im Folgenden nicht der Einwand vorgebracht werden kann, man denke, der Apostel habe über gläubige Heiden oder auch gläubige Juden gesprochen.

b. Die Frage, Vers 1: Hat Gott sein Volk verstoßen?

Die Frage geht aus dem Inhalt des vorigen Kapitels hervor, in welchem der Apostel, nachdem er bekräftigt hat, dass der Glaube aus dem Gehörten hervorgeht, erklärt (V. 18), dass sowohl Juden als auch Heiden das Evangelium gehört haben und dass die Heiden es angenommen haben (V. 19, 20). Die Juden hingegen haben den Messias verstoßen und verworfen und sind zu einem ungehorsamen und widerspenstigen Volk geworden. Der Apostel untermauert dies durch die Prophezeiungen in Daniel 12,11 und Jesaja 65,2.

Daraus ergibt sich die Frage: Weil Gott einen ewigen Bund mit Abraham und seinem Nachkommen geschlossen hat, dass er ihr Gott sei und sie sein Volk, und der Same Abrahams nun den Messias verworfen hat und Gott seinen Geist und seine Gnade von ihnen weggenommen und sie verlassen hat – hat Gott dann seinen Bund mit diesem Volk gebrochen, oder hat er es ganz, endgültig und völlig verstoßen?

c. Die Antwort: Das sei ferne!

Der zweite Teil des Kapitels (Röm 11) ist die Antwort auf die Frage. Die Beantwortung geschieht auf zweierlei Weise: Zunächst kurz, dann durch verschiedene Nachweise.

Die kurze Antwort besteht aus einer Verneinung; es ist eine Feststellung des Gegenteiligen. Es ist keine einfache Verneinung, sondern eine heftige und empörte: *Das sei ferne!* Das soll heißen: Das sollte man nicht einmal denken, es wäre Sünde dies in Zweifel zu ziehen, denn es wäre ein Zweifeln an der Treue und Wahrheit Gottes. Sollte Gott sein Volk verstoßen? Sollte Gott einen ewigen Bund mit Abraham und dessen Samen brechen? Sollte Gott etwa untreu sein? Sollte Gott etwa nicht zu seinem Wort stehen und seine Verheißungen nicht erfüllen? Das ist unmöglich. Diese Feststellung geschieht durch Wiederholung der Worte aus der Frage, gefolgt von einer verdeckten Überzeugung: Gott hat sein Volk nicht verstoßen, welches er zuvor gekannt hat. Gott wird das nicht tun, Gott will es nicht tun, und es ist unmöglich, dass er es tut, denn er ist der treue Gott; es ist sein Volk, es ist sein Eigentum aus allen Geschlechtern der Erde. Er hat es zuvor ersehen durch die göttliche Vorkenntnis. Seine Vorhersehung und seine Vorherbestimmung machen eine Sache unerschütterlich. Gott hat den Samen Abrahams als sein Volk ersehen, bestimmt und sich auf ewig mit ihm verbunden. Darum ist es unmöglich, dass Gott sein Volk verstößt. Es ist sein Volk, und es wird sein Volk bleiben. Er hat es zuvor erwählt und wird es als solches ersehen.

d. Beweise

Hier führt der Apostel verschiedene Beweise an, die zeigen, dass Gott sein Volk weder vollständig noch endgültig ablehnen wird.

– Sein eigenes Exempel

Der Apostel beweist anhand seines eigenen Beispiels, dass Gott sein Volk nicht vollständig abgelehnt hat: *Denn ich bin auch ein Israeliter von dem Samen Abrahams, aus dem Geschlecht Benjamin.* Und ich bin nicht verstoßen worden, sondern angenommen, gläubig und ein Apostel; also ist auch nicht ganz Israel verstoßen.

Und nicht nur, dass ich gläubig und gerettet bin, sondern auch eine große Schar von Israeliten mit mir. Es ist jetzt wie in den Tagen Elias, der meinte, dass Gott ganz Israel verlassen hatte und dass er allein war. Doch Gott antwortete ihm, dass noch 7000 übriggeblieben waren. So gibt es noch viele tausend Israeliten, die dem Bund treu sind, die den Herrn Jesus als den verheißenen Messias erkennen und an ihn glauben. Dies ist somit ein sicherer Beweis, dass Gott sein Volk nicht verstoßen hat, sondern dass es noch einen Überrest gibt, der aus Gnade erwählt ist.

– Ein gläubiger Überrest

Nun geht der Apostel über zu einem Beweis, dass Gott sein Volk nicht endgültig, für immer, ganz und gar verstoßen wird. In Vers 7-10 macht der Apostel einen Unterschied zwischen dem gläubigen Überrest des jüdischen Volkes und der Mehrheit dieses Volkes, das nicht nur ungläubig war, sondern darüber hinaus gegenüber dem Evangelium verhärtet wurde, und zeigt dessen Ursache und die Voraussage in Jesaja 29,10 und Psalm 69,23. Über den Überrest spricht er nicht mehr, sondern im Folgenden behandelt er das verstockte Volk. Dies ist in beinahe jedem Vers ersichtlich. Er spricht in Vers 11 von denen, die gestrauchelt sind, in Vers 12 spricht er von jenen, die gefallenen sind, in Vers 15 von denen, die verworfenen wurden, in Vers 17 und 18 über die Zweige, die ausgebrochen wurden durch Unglauben, in Vers 25 über einen Teil Israels, dem Verhärtung widerfährt, in Vers 28 über jene, die Feinde aufgrund ihrer Haltung zum Evangelium geworden sind.

– Nicht für immer verstoßen

Von diesem verhärteten Volk erklärt er, dass es nicht für immer verstockt bleiben wird. Gott werde sie dereinst bekehren und zu sich führen. Gottes Auge wacht dennoch in ihrem verirrten Zustand über sie, um dieses Volk eigenständig zu bewahren, damit ihre Bekehrung und damit die Unveränderlichkeit des Bundes Gottes mit Abraham und seinem Samen noch deutlicher werden. Bezüglich des verstockten Israel fragt der Apostel in Vers 11: Sind sie denn gestrauchelt, damit sie fallen sollten? Das heißt: So, dass sie im Zustand des Verfalls verharren sollten? Er antwortet zunächst kurz darauf und dann ausführlich und belegt seine Antwort mit vier kraftvollen und überzeugenden Beweisen. Er antwortet: *Das sei ferne*, mit der gleichen Ernsthaftigkeit, Empörung und Abscheu, denn dann würde Gott seinen Bund brechen und seinen Verheißungen nicht treu bleiben, und dass die Untreue der Menschen die Treue Gottes zunichtemachen würde, was unmöglich ist. Darum antwortet er mit Empörung: *Das sei ferne*, ganz und gar nicht; es wird nicht geschehen. Sie sind nicht gestrauchelt, damit sie fallen, verfallen und so verharren. Sie werden wieder aufstehen, sie werden wieder bekehrt werden, zur Eifersucht gereizt werden, Vers 11. Die volle Zahl der Juden wird einkehren. Vers 12. Sie werden wieder angenommen werden, Vers 14. Sie werden wieder eingepfropft, nachdem sie abgebrochen waren, Vers 24. Nach ihrer Verstockung und dem Eingang der Fülle der Heiden, wird *ganz Israel selig* werden durch den Erlöser, der aus Zion kommen und das gottlose Wesen von Jakob abwenden wird, Vers 16. Sie werden wieder Barmherzigkeit erfahren, Vers 31 und 32.

– Leben aus den Toten

Nachdem er festgestellt hatte, dass das verhärtete Israel wieder bekehrt werden würde, erweitert er den Blickwinkel, indem er auf die Vorzüglichkeit und Nützlichkeit hiervon weist (V. 11-15). Wenn so ihr Fall der Welt Reichtum ist, wie viel mehr, wenn ihre Zahl voll würde. Das wäre eine vorzügliche Veränderung.

a. Ihr Fall ist die Seligkeit, der Reichtum der Heiden, der Welt; keine eigentliche Ursache, vielmehr eine Gelegenheit: *Euch musste zuerst das Wort Gottes gesagt werden; nun ihr es aber von euch stoßet und achtet euch selbst nicht wert des ewigen Lebens, siehe, so wenden wir uns zu den Heiden. (Apg 13,46).*

b. Der beständige Glaube und das heilige Leben der Heiden soll das verstockte Israel eifersüchtig machen, es wird sie um den Messias, der ihnen versprochen war und der aus ihnen hervor gehen sollte, eifern lassen, dass sie ihn erkennen, an ihn glauben und in ihm leben wollen. Der Apostel wusste, dass ihre Zeit noch nicht gekommen war. Darum arbeitete er daran, dass er wohl noch einige von ihnen retten möge. Diese Verpflichtung obliegt auch uns, auch wenn ihre allgemeine Bekehrung noch nicht gekommen ist.

c. Die allgemeine Bekehrung des jetzt verhärteten Israel wird in den Heiden viel mehr Segen, Licht, Eifer und Leben erwecken, als ihr Fall verursacht hat, Vers 12: *wie viel mehr, wenn ihre Zahl voll würde?* Vers 15: *was wird ihre Annahme anders sein als Leben von den Toten?*

Wenn Gott diese blinde Nation mit Seinem Geist und Seiner Gnade erfüllt, was dazu führt, dass der Messias (David, ihr König) anerkannt und empfangen wird, dann wird sich in ihnen eine wunderbare Liebe, Freude und Heiligkeit im Glauben manifestieren.

Es wird eine vorzüglichere Zeit als in den Tagen der Apostel sein. Die Gemeinde der Heiden wird durch die Bekehrung Israels so erweckt und belebt werden, dass ihr früherer Zustand sich so davon unterscheiden wird, wie ein Toter von einem Lebenden. Die Unbekehrten werden in großen Scharen bekehrt werden und die Bekehrten werden einer wundersamen Vermehrung der Stufen der Gnade teilhaftig werden. O, was wird das für eine herrliche Zeit sein! Wer wird dann leben?

e. Die Gewissheit ihrer Bekehrung

Nun zeigt der Apostel die absolute Gewissheit ihrer Bekehrung, indem er sie mit zwei Dingen vergleicht, Vers 16: *Ist der Anbruch* [Anm.: oder die Erstlingsgabe] *heilig, so ist auch der Teig heilig; und so die Wurzel heilig ist, so sind auch die Zweige heilig.* Das eine

Gleichnis ist dem eingesetzten Gottesdienst entnommen, dass andere einer natürlichen Sache, die allen bekannt ist. Unter den Erstlingen mussten auch die Erstlinge des Teiges Gott zugeeignet und geheiligt werden (4.Mose 15,20-21). Israel wurde der Erstling Gottes genannt, weil Gott sich dieses Volk aus allen Geschlechtern der Menschen zueigen gemacht hatte (Jer 2,3). Gleichermaßen auch die Gläubigen (Jak 1,18). Hier meint der Apostel mit den Erstlingen nicht so sehr die Juden, die in der ersten Zeit der Apostel bekehrt wurden, denn diese nennt er einen Rest (V. 5). Und die Schlussfolgerung scheint nicht kraftvoll zu sein, nämlich, dass, weil viele Juden am Anfang bekehrt wurden, die ganze Nation bekehrt werden würde; sondern unter den Erstlingen versteht der Apostel insbesondere Abraham, Isaak und Jakob, zu welchen man die Gläubigen des Alten Testamentes hinzufügen kann.

Unter der Wurzel versteht der Apostel auch Abraham, Isaak und Jakob, aus welchen das ganze Volk wie Zweige hervorgegangen ist. Er sagt: Wenn das eine heilig ist, dann ist auch das andere heilig. „Heilig" meint hier nicht die inhärente Heiligkeit und Tugendhaftigkeit, sondern a. eine Absonderung von anderen; so war Israel ein abgesondertes Volk für den Gottesdienst (5.Mose 7,6); b. Eine Hingabe oder Übergabe an Gott, oder eine Gottergebenheit (2.Mose 13,2). Dies geschieht durch die Zugehörigkeit zum Bund, sei es in Wahrheit, sei es zum Schein (2.Mose 19,6 und 2.Kor 1,14). Abraham ist hier nicht als der Vater seiner natürlichen Nachkommen, wie etwa Ismael und die Kinder der Ketura, zu betrachten, sondern als der Vater des Bundes, der mit ihm und seinem Samen in Isaak und Jakob aufgerichtet wurde.

Der Teig ist ein Klumpen; von diesem Klumpen wurde etwas genommen und Gott zugeeignet, so dass der ganze Klumpen geheiligt und durch sie gesegnet wurde. Eine Wurzel erzeugt solche Zweige, die der Wurzel gleichen. Von welcher Natur die Wurzel ist, von solcher Natur sind auch die Zweige und die Früchte. Wenn nun, sagt der Apostel, die Erstlinge und die Wurzel heilig, Gott zugeeignet, Gott eigen sind, so ist auch der Teig, so sind auch die Zweige heilig. Wenn Abraham, Isaak und Jakob heilig sind wegen des Bundes, so ist auch das ganze Volk heilig, Gott eigen; woraus der Apostel schließt, dass das Volk nicht für immer verstoßen wird und auch nicht bleiben kann, sondern gewiss zur Bekehrung kommen und wieder von Gott angenommen werden wird. Denn wenn dies nicht geschehe und es für immer verstoßen bliebe, so würde der Teig nicht durch die Erstlingsgabe und die Zweige nicht durch die Wurzel geheiligt werden; es wird aber dadurch geheiligt; so wird dann auch das Volk wieder bekehrt werden.

f. Israel nicht verachten

Dies wendet der Apostel an (V. 17-24) als Warnung an die bekehrten Heiden. In dieser Warnung bringt der Apostel die Bekehrung der Juden deutlich zum Ausdruck. Er warnt die Heiden, sich nicht gegenüber den abgebrochenen Zweigen zu rühmen, nicht trotzig und hochmütig zu sein und das verhärtete Israel zu verachten, weil die Juden natürliche Zweige des Ölbaums waren und sie, als wilde Ölzweige, in deren Stamm, in den Bund mit Abraham, Isaak und Jakob eingepfropft wurden. Sie sind euch keinen Dank schuldig, dass sie in den Bund mit Gott aufgenommen wurden. Vielmehr sind sie das Mittel, dass ihr in denselben Bund, der mit ihnen geschlossen war, mit aufgenommen wurdet. *Du trägst die Wurzel nicht, sondern die Wurzel trägt dich.* Vielmehr: Ihr sollt euch ihnen gegenüber nicht rühmen, denkend, dass Gott sie für immer verstoßen wird. Nein, sie werden als natürliche Zweige wieder in ihren eigenen Ölbaum eingepfropft werden. Das entspricht eher der Natur; das ist einfacher und es ergibt besser geartete Frucht, als dass ihr, von Natur aus wild, in ihren Stamm eingepfropft seid.

g. Ein Geheimnis

Dies weist der Apostel aus den Schriften des Alten Testamentes nach (V. 25-27), er nennt die Bekehrung des verhärteten Israel ein Geheimnis. Es war kein Geheimnis, dass in den Zeiten der Apostel eine große Menge von Juden an den Messias glaubte; das war allen ersichtlich. Aber dass dieses Israel, verhärtet und bösartig gegen das Evangelium, dieses Evangelium annehmen würde, das sie jetzt so sehr mit Glauben, Liebe und Freude hassten, das schien unwahrscheinlich. Und doch sollte es geschehen. Es würde keine Bekehrung von einigen wenigen sein; einer hier und einer dort. Nein es sollte eine vollständige nationale Bekehrung sein: Und so wird ganz Israel gerettet werden. Jenes Israel, dem Verhärtung widerfahren war, dieses Israel sollte dereinst so glücklich werden, dass es sich noch zum Messias bekehren würde. Nicht, dass sie alle wahrhaft wiedergeboren und der ewigen Seligkeit teilhaftig würden, sondern dass sie alle anerkennen und bekennen würden, dass Jesus der Christus, der verheißene Messias, der Erlöser ist.

Und wann wird das sein? *Blindheit ist Israel zum Teil widerfahren, so lange, bis die Fülle der Heiden eingegangen.* So lange wird sie dauern und nicht länger, bis die Ernte der Heiden, die bestimmte Masse, vor der Bekehrung der Juden zur Umkehr gebracht worden sein wird. Nicht, dass noch eine Menge übrigbliebe.

Aber wenn das Evangelium seine Früchte unter den Heiden hervorgebracht hätte, würde es wieder zum verhärteten jüdischen Volk zurückkehren. Dieses wird auch gläubig werden und das wird eine wunderbare Veränderung und Wiederbelebung sein. Dies nennt der Apostel ein *Geheimnis*. Nicht weil Gott es ihm erst jetzt offenbarte. Nicht weil es nicht in den prophetischen Schriften vorhergesagt war, sondern weil es nicht wahrgenommen und verstanden wurde. Er will, dass die Menschen es wissen, und dass sie es sehen und als eine sichere Sache erwarten, damit man ihnen gegenüber nicht überheblich, nicht eigensinnig wird und das jüdische Volk nicht verachte, sondern es mitleidig ansehe und ihre Bekehrung erwarte. Es war schon zuvor prophezeit und Paulus nennt einige Aussprüche der Propheten, nämlich aus Jesaja 59,20: *Denn denen zu Zion wird ein Erlöser kommen und denen, die sich bekehren von den Sünden in Jakob, spricht der HERR.* Jeremia 31: 33,34: *Sondern das soll der Bund sein, den ich mit dem Hause Israel machen will nach dieser Zeit... Denn ich will ihnen ihre Missetat vergeben und ihrer Sünden nimmermehr gedenken.*

Dem ist nichts entgegenzuhalten, noch zu bestreiten, ob die Texte nicht auf eine andere Zeit bezogen werden müssen. Das wäre im Widerspruch zu Paulus, der unmittelbar und unfehlbar durch den Heiligen Geist sprach und schrieb. Er sagt, dass dies auf die Zeit hinweist, in der die Fülle der Heiden eingetreten sein wird. Er behauptet, dass diese Texte darauf hindeuten, dass das blinde Israel noch zur Bekehrung kommen wird, und damit ist alles Bestreiten hinfällig.

h. Ein unveränderlicher Bund

Schließlich fügt der Apostel einen weiteren Beweis für die Unveränderlichkeit des Bundes hinzu, der mit Abraham und seinem Nachkommen geschlossen wurde (V. 28-32). Die Bundesgenossen werden in Vers 28 in zweierlei Hinsicht beschrieben: Erstens in Bezug auf das Evangelium, dem sie feindlich gegenüberstehen und damit zugleich auch gegenüber allen Heiden, die das Evangelium annehmen. Zweitens sind sie jedoch *Geliebte*, nicht in Bezug auf ihren gegenwärtigen Zustand und ihre jeweilige Persönlichkeit, sondern hinsichtlich des Bundes mit ihren Vorvätern, Abraham, Isaak und Jakob; aufgrund der Erwählung, nicht hinsichtlich der ewigen Erwählung zur Seligkeit, sondern wegen ihrer Erwählung als Bundesgenossen; 5. Mose 7,6: *Dich hat der HERR, dein Gott erwählt zum Volk des Eigentums aus allen Völkern, die auf Erden sind;* Psalm 135,4: *Denn der HERR hat sich Jakob erwählt, Israel zu seinem Eigentum.*

Diesen Bund mit ihnen, obwohl sie nun Feinde des Evangeliums sind, erklärt der Apostel für unauflöslich und unveränderlich, Vers 29: *Gottes Gaben und Berufung können ihn nicht gereuen.* Dies ist immer, in jedem Fall, in allen Personen und Dingen die Wahrheit. So auch hinsichtlich der Berufung Abrahams und des Bundes mit ihm und seinen Nachkommen Isaak und Jakob, den Gott aus freier Gnade mit ihnen geschlossen hatte. Dieser Bund kann und wird nicht verändert werden, weil Gott unveränderlich ist. Darum wird Israel, das jetzt verhärtet ist, nicht für immer verstoßen bleiben, denn Israel wird dereinst Barmherzigkeit erfahren (V. 30-32). So wie ihr, die ihr nun von Natur aus heidnisch seid und Gott zuvor ungehorsam wart, Barmherzigkeit erlangt habt aufgrund des Ungehorsams Israels und deren Ablehnung und Verfolgung des Evangeliums, so werden auch sie, obwohl sie nun wie zuvor ungehorsam sind, Barmherzigkeit erlangen aufgrund der Barmherzigkeit, die ihr von Gott erhalten habt. Wenn die Heiden in großer Zahl zum Evangelium strömen werden und mit viel Geist, Gnade und

Heiligkeit erfüllt sein werden, so wird das verstockte Israel eifersüchtig werden, dass die Heiden Gott dienen und von Gott geliebt werden. Israel ist schließlich, Kraft des Bundes, das Volk Gottes. Wenn durch die Barmherzigkeit und Gnade Gottes gegenüber den Heiden bei ihnen Eifer erweckt werden wird, werden sie sich zum Herrn bekehren. Und nachdem Gott das ganze Volk lange Zeit in Ungehorsam belassen haben wird, indem Er sie ihrer Verstocktheit und Bosheit übergeben hat, so wird Er ihnen dann allen barmherzig sein und sie in Gnade wiederum annehmen.

i. Das Ende des Kapitels

Der dritte Teil des Kapitels ist ein Abschluss (V. 33-36). Es ist eine Erkenntnis der unergründlichen Weisheit Gottes in all seinen Handlungen und insbesondere mit seinem Volk, sowohl angesichts der Urteile und Segnungen, als auch hinsichtlich aller Wege, durch welche Gott Seine Gemeinde regiert und die Auserwählten zur Seligkeit führt.

Dies alles zusammengenommen, wird das aufmerksame und wahrheitsliebende Gemüt überzeugen, dass der Apostel zuerst feststellt, dass Gott Sein Volk, das Volk Israel, nicht völlig verstoßen hat, weil es selbst und mit ihm so viele Tausende an Christus, den Messias glaubten. Wenn er im Folgenden unterscheidet zwischen den bekehrten Juden jener Zeit und den verstockten Juden, erklärt, versichert und bestätigt er, dass dieses verstockte Israel wieder bekehrt, angenommen, wieder eingepfropft werden wird und dass Gott sich seiner erbarmen wird, nachdem es lange in der Verstockung gewesen sein wird, nachdem die Vollzahl der Heiden eingegangen sein wird.

2. Der zweite Nachweis aus 2. Korinther 3

Den zweiten Nachweis der zu erwartenden Bekehrung der Juden entnehmen wir 2. Korinther 3. Die Bekehrung wird ausdrücklich in Vers 16 beschrieben: *Wenn es aber sich bekehrte zu dem HERRN, so würde die Decke abgetan.* Um die Kraft dieses Verses besser zu verstehen, muss auf den Zusammenhang geachtet werden. Die Dunkelheit, die manche hierin zu sehen meinen, erklärt sich aufgrund des falschen Verständnisses der Decke. Sie verstehen unter der *Decke* das Zeremonialgesetz und unter dessen *Ende* Christus. Inwieweit dies falsch ist, wird aus der Erklärung des Zusammenhangs deutlich.

Der Apostel zeigt durchgehend, dass die Rechtfertigung eines armen Sünders nicht durch das Gesetz, Moral, durch Zeremonien an sich, in ihrer Ausübung erworben werden kann, ohne Vereinigung mit dem Gegenüber, Christus, der Seele der Zeremonien. Die Juden behaupteten, dass die Zeremonialgesetze von gleicher Natur sind wie die Moralgesetze, und sie suchten ihre Rechtfertigung in der Befolgung dieser Gesetze. Darum redet der Apostel in diesem Kapitel über den Dienst des Todes und der Verdammnis und über den Dienst der Gerechtigkeit.

In diesem Kapitel werden das Alte Testament und dessen Gottesdienst, der von Gott angeordnet war, nicht dem Neuen Testament und dessen Gottesdienst gegenübergestellt. Wie wir noch sehen werden, widerspricht dem der gesamte Inhalt dieses Kapitels. Die Dinge, die einander gegenübergestellt werden, widersprechen dem. Wer würde es wagen zu sagen, dass das Alte Testament und der Zeremonialdienst bzw. der zeremonielle Gottesdienst, so wie Gott ihn angeordnet hat, ein Dienst des Todes, ein Dienst der Verdammnis war? Kann der heilige und gute Gott dem Menschen einen solchen Dienst auftragen? Dies sei dem Allmächtigen fern! Wenn der zeremonielle Dienst durch göttliche Einsetzung geschah, dann gilt: Durch den Glauben dem Gegenüber ein Beispiel bringen und das Gegenüber, Christus, mit den Beispielen zu verbinden. Dann hätten sie dem Herrn geistlich gedient und der Dienst wäre ihnen zum Leben gewesen. Im Gegenteil, wenn man im Neuen Testament bei Äußerlichkeiten stehenbleibt und nicht durchdringt mit wahrhaftigem Glauben zu Christus, so ist der Dienst des Neuen Testamentes für solche ein Dienst zum Tode und zur Verdammnis, ein Geruch des Todes zum Tode (2.Kor 2,16). Der alte Dienst konnte zwar geistlich verrichtet werden und der neue Dienst leiblich[5], so dass hier kein Widerspruch besteht zwischen Altem Testament und Neuen Testament, sondern zwischen dem Buchstaben und dem Geist. Der Dienst des Geistes ist über den Dienst des Buchstabens erhaben.

Die Vortrefflichkeit des Dienstes des Geistes über dem des Buchstaben besteht in dreierlei Hinsicht: a. Hinsichtlich der Auswirkungen (V. 6, 7, 9). b. Hinsichtlich der Herrlichkeit (V. 7-11). c. Hinsichtlich der Art und Weise (V. 12-18).

a. Die Folgen von Buchstabe und Geist

Die Folgen von Buchstabe und Geist sind: *Denn der Buchstabe tötet, aber der Geist macht lebendig* (V. 6). Mit dem Wort *Buchstaben* ist nicht das Alte Testament und sein Dienst gemeint, denn im Alten Testament war auch der Heilige Geist, und sein Dienst war auch geistlich. Wäre es anders, hätte niemand im Alten Testament selig werden und dem Herrn gefallen können, selbst Abel nicht, an dessen Opfer Gott Wohlgefallen hatte (Hebr 11,4). Das Alte Tes-

---

5 oder äußerlich und oberflächlich

tament kann auch dem Geist nicht entgegengesetzt werden; nirgendwo kann es entgegengesetzt werden, denn das Alte Testament wird auch niemals als *Buchstabe* bezeichnet.

Auch werden mit *dem Buchstaben* nicht die Zeremonien gemeint, denn der Apostel sieht in diesem Kapitel insbesondere auf das Sittengesetz: Der Dienst des Todes durch in Stein gegrabene Buchstaben (V. 7). Und als Moses Angesicht glänzte, als er vom Berg herabkam, hatte er zwei steinerne Tafeln, auf denen das Sittengesetz geschrieben war, in seiner Hand (2.Mose 34,29-30).

Aber unter dem Buchstaben versteht der Apostel das Gesetz der Sitten in seiner Forderung: *Tut das*, und in seiner Verheißung: *der Mensch, der diese Dinge tut, wird dadurch Leben.* Und in seiner Drohung: *verflucht sei jeder, der nicht bleibt bei allem was geschrieben ist.* Wenn der Mensch bei den Äußerlichkeiten des Gesetzes bleibt und wenn er durch das Gesetz seine Gerechtigkeit und Seligkeit sucht, dann kann er nicht selig werden: der Dienst ist ihm ein Dienst des Todes und der Verdammnis. Angenommen (obwohl es nicht so ist), der Apostel hätte mit *dem Buchstaben* die zeremoniellen Gesetze gemeint, so wie die Juden es anmerkten – nämlich von einer Natur mit dem Sittengesetz, getrennt vom Gegenüber, in den äußerlichen Werken – dann wäre der Dienst ebenfalls ein Dienst des Todes und der Verdammnis; dadurch ist keine Seligkeit zu erlangen. Unter *dem Buchstaben* wird dann das Sittengesetz in seiner Forderung, Verheißung und Drohung als eine Bedingung des Bundes der Werke verstanden. Man nehme hinzu das Gesetz der Zeremonien, in den äußeren Werken, getrennt vom Gegenüber; diesen *Buchstaben* nennt der Apostel das *Amt des Todes* (V. 7), das *Amt, das die Verdammnis predigt* (V. 9), weil der Mensch dies nicht vollbringt, sondern übertritt und somit den Fluch für den Übertreter auf sich zieht.

Dem stellt er die Gnade des Geistes gegenüber. Unter *dem Geist* versteht er Christus (V. 17): *Denn der HERR ist der Geist*. Christus als Bürge hat alle Schuld durch Sein Leiden und Seinen Tod bezahlt, und Er hat durch Seinen Gehorsam vollkommene Heiligkeit für die Seinen erworben. Der Dienst des Geistes ist das Evangelium, welches den Menschen Christus anbietet und sie zu Ihm bekehrt, dass sie durch Seine Verdienste gerechtfertigt zu werden. Dieser Dienst macht lebendig; hierdurch wird der Mensch wiedergeboren, gerechtfertigt, geheiligt und zur ewigen Seligkeit geführt. Durch den Bund der Werke, durch das Gesetz, kann kein Fleisch gerechtfertigt werden. Es ist dem Gesetz unmöglich, denn das Gesetz ist kraftlos gemacht worden durch das Fleisch (Röm 8,3). Aber durch Christus ist der Dienst des Evangeliums offenbar geworden, sowohl der Verheißung im Alten Testament als auch der Erfüllung im Neuen Testament, und dies ist Rechtfertigung und Leben.

Dies ist der erste Widerspruch, wodurch der Dienst des Geistes, bzw. Christi, so vortrefflich über den Bund der Werke erhöht wird, dessen Dienst das Gesetz der Zehn Gebote ist, mit Buchstaben und auf steinerne Tafeln geschrieben, in ihrer ureigenen Forderung betrachtet, so dass kein Vergleich übrig bleibt, weil der eine tot und der andere lebendig macht.

b. Der Unterschied in der Herrlichkeit

Der zweite Unterschied zwischen Buchstabe und Geist, aus dem hervorgeht, dass der Dienst des Geistes vortrefflicher ist als jener des Buchstaben, ist die Herrlichkeit, die sich in ihrem Dienst zeigt (V. 7-10). Der Buchstabe hatte Herrlichkeit hinsichtlich (a) der Sache selbst. Der Inhalt ist Liebe, reine Heiligkeit zur Verherrlichung Gottes; (b) seiner Gabe auf dem Berg Sinai: Alles war dort ehrfurchtgebietend: wie etwa die Stimme, das Feuer, die Aussagen, das Beschreiben steinerner Tafeln; (c) des Boten, Mose, dessen Angesicht glänzte, als er mit den Gesetzestafeln vom Berg herabkam, so dass man den Glanz seines Angesicht nicht ertragen konnte.

Der Geist hatte Herrlichkeit (a) hinsichtlich der Person Christi, des Abglanzes der Herrlichkeit des Vaters, zu dem der Vater mit hörbarer Stimme aus dem Himmel rief: *Dies ist mein lieber Sohn, an welchem ich Wohlgefallen habe.* Von dieser Herrlichkeit ließ er einen kleinen Schimmer auf dem heiligen Berg sehen; (b) hinsichtlich der Ausgießung des Heiligen Geistes am Pfingsttag über die Apostel, wodurch sie die großen Taten Gottes in allerlei Sprachen zum Entsetzen all jener, die sie hörten, verkündigten. Danach fiel der Geist auf weitere, was die Versammlung der Gläubigen so ehrfurchtgebietend machte, dass keiner der anderen es wagte, sich ihnen anzuschließen; (c) hinsichtlich des Dienstes: Die Rechtfertigung des Sünders, zur Verherrlichung der Gerechtigkeit, Weisheit und freien Gnade Gottes; (d) hinsichtlich der Kraft des Dienstes: Die Seelen erleuchtend, bekehrend und erfreuend.

Nehmen wir diese zwei Dinge und vergleichen sie miteinander. Dann werden wir bemerken, dass selbst das, was herrlich gemacht war, nicht herrlich ist im Vergleich zu diesem – wegen der überragenden Herrlichkeit des Geistes über dem Buchstaben, welcher im Vergleich dazu verblasst, verfinstert und schwarz wird.

c. Die Art und Weise des Dienstes von Buchstabe und Geist

Der dritte Punkt, wodurch der Geist vortrefflicher ist als der Buchstabe, ist die Art und Weise des Dienstes. Der Dienst des Buchstaben durch Mose ging mit einer Decke einher (V. 13), wohingegen der Dienst des Geistes mit unverhülltem Angesicht verbunden ist.

Nicht die Herrlichkeit des Mose, sondern die Herrlichkeit des Herrn im Angesicht Christi, (V. 18). Bei dieser Decke verharrt der Apostel etwas länger, um den Unterschied zwischen Buchstabe und Geist, sowie dem Gesetz und Christus, anzuzeigen.

Mit der Decke sind nicht die Zeremonien gemeint, denn (a) hier wird eigentlich vom Sittengesetz gesprochen, mit Buchstaben in Steintafeln geschrieben (V. 7). (b) Die Zeremonien sind nicht gegeben, um Christus, das antitypische Gegenbild derselben, zu bedecken und zu verbergen, sondern um ihn zu offenbaren und den Menschen dadurch zu Christus zu führen. (c) Die Menschen des Alten Testamentes durften wohl stark auf Christus sehen, ja, wenn sie es nicht getan hätten, wäre es Sünde.

Einwand:
Der Zweck der Zeremonien war es wohl nicht, Christus zu verbergen, dennoch lief es durch die Torheit der Menschen darauf hinaus.

Antwort:
(a) Es widerspricht dem Text; der spricht nicht von einem Zufall, sondern absichtlich vom Ende und Zweck: *Damit*. (b) Viele sahen durch die Zeremonien auf Christus, und dies auch sehr stark und auch mit Verlangen und Spannung. Das war nicht bei allen so. Jene waren die Besten, die nicht stark auf dasjenige sahen, was zunichte gemacht werden sollte.

Somit können unter *der Decke* nicht die Zeremonien verstanden werden. Das wichtigste Resultat der Zeremonien war daher auch nicht das Verbergen Christi. Sondern durch die Decke auf Moses Angesicht wurde die Bedeckung der Herrlichkeit des Sittengesetzes in ihrer Forderung, Verheißung und Drohung abgebildet, um darin hängenzubleiben und seine Gerechtigkeit und Seligkeit darin zu suchen. Das würde sie verderben; darum war diese Bedeckung von Moses Angesicht ein Segen, um sie von einem Weg abzuhalten, der sie nicht zur Seligkeit führen würde.

Es gab viel Herrlichkeit im Gesetz, aber es konnte den Menschen nicht rechtfertigen, weil es kraftlos geworden war durch das Fleisch. Darum darf man zur Erreichung des Zieles nicht beim Gesetz stehenbleiben, um gerechtfertigt zu werden.

Das Ende dessen, was zunichte gemacht wird, ist nicht Christus, denn (a) Christus wird hier dem Buchstaben gegenübergestellt. Somit ist er nicht das Ende des Buchstaben. (b) Auch sie durften wohl stark auf Christus sehen; sie mussten es auch, denn dies nicht zu tun, wäre Sünde. Die Decke ist hier, um nicht gebannt auf das Ende zu sehen, sondern um sie davon abzuhalten. Jedoch ist mit *dem Ende des Buchstaben* die Rechtfertigung des Menschen durch die Werke des Gesetzes zu verstehen. Zu diesem Ziel war Adam das Gesetz gegeben, und in der Einhaltung der Gebote liegt das ewige Leben: *Denn welcher Mensch dieselben tut, der wird dadurch leben.* Dieses Ende kann und darf nicht angestrebt werden im Leben nach dieser Regel. Denn der Mensch kann jenes Ende durch das Einhalten des Gesetzes nicht erreichen, und wenn er darin stehenbliebe, wird er am Ende getäuscht.

Was zunichte gemacht wird, ist der Buchstabe, das Sittengesetz, nicht hinsichtlich des Ziels, wozu es vom Sinai herab gegeben war, um den Bundesgenossen eine Regel fürs Leben zu sein, die ihre Rechtfertigung nicht im Gesetz sondern in Christus suchen; sondern es wird durch die Gläubigen zunichte gemacht: (a) Um dadurch gerechtfertigt zu werden, was dem Gesetz durch die Sünde unmöglich ist; Christus aber tritt in dieser Hinsicht an die Stelle, wovon der Apostel sagt: *Denn Christus ist des Gesetzes Ende; wer an den glaubt, der ist gerecht.* (b) Das Gesetz wird durch die Gläubigen zunichte gemacht, hinsichtlich ihrer verdammenden Kraft über alle, die es übertreten, wie es die Gläubigen getan haben und täglich tun. *Christus aber hat uns erlöst von dem Fluch des Gesetzes, da er ward ein Fluch für uns* (Gal 3,13). Moses Decke gab zu erkennen, dass man vom Gesetz absehen musste, um dadurch gerechtfertigt zu werden. Man musste aber durch das Gesetz, wie durch einen Zuchtmeister, zu Christus geführt werden.

d. Anwendung auf die Juden in ihrer Verhärtung

Dies wendet der Apostel auf die gegenwärtige Lage der Juden in ihrer Verstockung an, indem er es auf eine andere Sache bezieht (V. 14-16). Mit der *Decke* meint der Apostel nun nicht die Decke, die auf Moses Angesicht lag, sondern etwas, das gleichsam auf ihnen, als eine verbergende Decke, liegt. Nicht auf Ihrem Angesicht, sondern auf ihrem Herzen, Verstand und Willen. Er meint damit aber die Unwissenheit und die Verhärtung des Herzens, wovon der Prophet spricht: *Und er sprach: Geh und sprich zu diesem Volk: Und er sprach: Gehe hin und sprich zu diesem Volk: Höret, und verstehet's nicht; sehet, und merket's nicht! Verstocke das Herz dieses Volkes und lass ihre Ohren hart sein und blende ihre Augen, dass sie nicht sehen mit ihren Augen noch hören mit ihren Ohren noch verstehen mit ihrem Herzen und sich bekehren und genesen.* (Jes 6,9-10).

Dies wendet der Apostel auf das verhärtete Israel seiner Zeit an (Apg 28,26). Diese Finsternis liegt auf ihnen wie eine Decke beim Lesen des Alten Testamentes, aus welchem Christus deutlich hervorgeht. Jedoch sehen sie Ihn darin nicht, und diese Decke bleibt auf ihnen liegen bis auf diesen Tag und sie wird auf ihnen bleiben, bis sie ihnen durch Christus weggenommen wird. Und sie wird Ihnen dereinst weggenommen werden, und sie werden dereinst bekehrt werden, so wie der Apostel es mit großen Worten sagt (V. 16): *Wenn es* (das Volk Israel, nicht dieser oder jener) *aber sich bekehrte zu dem HERRN, so würde die Decke abgetan.* Dann werden sie Christus erkennen, Ihn annehmen und an Ihn glauben und mit uns mit unverhülltem Angesicht die Herrlichkeit des Herrn anschauen wie in einem Spiegel und in dasselbe Bild von Herrlichkeit zu Herrlichkeit verwandelt werden vom Geist des Herrn.

3. Der dritte Nachweis aus Matthäus 23,38-39

Den dritten Nachweis entnehmen wir Matthäus 23,38-39: *Siehe, euer Haus soll euch wüst gelassen werden. Denn ich sage euch: Ihr werdet mich von jetzt an nicht sehen, bis ihr sprecht: Gelobt sei, der da kommt im Namen des HERRN!* Hier findet sich eine Voraussage der Zerstörung Jerusalems (V. 38). Danach folgt die Verborgenheit Christi für sie; das bedeutet eine Verstockung über Israel, über die wir anhand von Römer 11 gesprochen haben. Hier findet sich eine Bestimmung der Zeit: *Bis ihr sprecht: Gelobt sei, der da kommt im Namen des HERRN!*. Man wird einmal sagen: *Gelobt sei, der da kommt.* Römer 11,26: *Es wird kommen aus Zion, der da erlöse und abwende das gottlose Wesen von Jakob.* So lange werden sie Jesus nicht sehen, weder kennen noch erkennen, aber eben nicht länger. Dann wird Christus wieder zu Seinem alten Volk Israel kommen. Darum werden Sie dann wieder bekehrt werden.

Lukas 21,24: *Und sie werden fallen durch des Schwertes Schärfe und gefangen geführt werden unter alle Völker; und Jerusalem wird zertreten werden von den Heiden, bis dass der Heiden Zeit erfüllt wird.*

Der Herr Jesus sagt die Verwüstung und Zerstreuung des jüdischen Volkes unter allen Nationen und die dauerhafte Zerstörung Jerusalems voraus. Er bestimmt die Zeit, wann die Zerstreuung und Zerstörung enden wird: *Bis dass der Heiden Zeit erfüllt wird.* Das ist dasselbe, was der Apostel in Römer 11,25 sagt: *Ich will euch nicht verhalten, liebe Brüder, dieses Geheimnis (auf dass ihr nicht stolz seid): Blindheit ist Israel zum Teil widerfahren, so lange, bis die Fülle der Heiden eingegangen sei.* „Bis" soll nicht bedeuten nimmermehr, sondern gewiss, nach der Zeit, wenn die Vollzahl der Heiden eingegangen ist, dann wird Israel nicht mehr verstockt bleiben; dann wird Israel sich bekehren, so wie es mit Nachdruck in Vers 26 gesagt wird: *Und also das ganze Israel selig werde.* Die teilweise Bekehrung, in der Zeit der Apostel, ist nicht die gänzliche Bekehrung Israels, sondern die eines kleinen Restes. Der verstockte Teil wird aber auch bekehrt werden, wenn die Vollzahl der Heiden eingegangen ist. Und so wird ganz Israel gerettet werden. Wenn also ihre Zerstreuung und der Zerfall Jerusalems bis zur Erfüllung der Zeit der Heiden andauert, dann wird die Wiederherstellung der Nation sicherlich nicht nur in Bezug auf das Geistige, sondern auch in Bezug auf das Leibliche, über das wir später sprechen werden, erfolgen.

4. Der vierte Nachweis aus Jesaja 61,1

Den vierten Nachweis entnehmen wir Jesaja 61,1-7: *Der Geist (Gottes) des … HERRN ist über mir, darum dass mich der HERR gesalbt hat. Er hat mich gesandt, den Elenden zu predigen … zu verkündigen den Gefangenen die Freiheit … zu verkündigen ein gnädiges Jahr des HERRN … zu schaffen den Traurigen zu Zion, dass ihnen Schmuck für Asche … gegeben werden, dass sie genannt werden die Bäume der Gerechtigkeit, Pflanzen des HERRN zum Preise. Sie werden die alten Wüstungen bauen, und was vorzeiten zerstört ist, aufrichten; sie werden die verwüsteten Städte, so für und für zerstört gelegen sind, erneuen ... Ihr aber sollt Priester des HERRN heißen, und man wird euch Diener unsers Gottes nennen, und ihr werdet der Heiden Güter essen und in ihrer Herrlichkeit euch rühmen. Für eure Schmach soll Zwiefältiges kommen, und für die Schande sollen sie fröhlich sein auf ihren Äckern; denn sie sollen Zwiefältiges besitzen in ihrem Lande, sie sollen ewige Freude haben.*

Hier wird vorhergesagt, dass Israel nach ihrer Zerstörung in seiner früheren Herrlichkeit wiederhergestellt werden wird, sowohl an Seele als auch an Leib. Dagegen ist nichts einzuwenden, außer dass man sagen würde, der Prophet spreche von der Befreiung aus Babylon. Nachdem aber sicher ist, dass es nach der Zerstörung Jerusalems durch die Römer und der damit verbundenen Zerstreuung der Juden, vierzig Jahre nach Christus, noch eine allgemeine Wiederherstellung der Juden geben wird, wie wir im vorigen aus dem Neuen Testament gezeigt haben, müsste man aus diesem Text zeigen, dass es sich hier um die Erlösung aus Babylon und nicht um ihre endgültige Bekehrung handelt. Es wird gesagt, dass genau dies die Frage ist, ob noch eine Bekehrung zu erwarten ist. Ich antworte: Diese Sache wird schon in anderen Bibeltexten sicher bestätigt. Jetzt kommen wir zu dieser Schriftstelle. Es geht nun darum, von welcher der zwei Erlösungen dieser Text spricht. Sagt man, von der ersten, dann muss man es beweisen. Nimmt man aber diesen Text für sich selbst, dann beweist er, dass hier nicht von der Erlösung aus Babel gesprochen wird, sondern von einer Erlösung Israels, die bisher noch nicht geschehen ist, sondern die noch kommen wird. Denn

(a) diese Erlösung aus einer lang anhaltenden Zerstörung wird nach dem Kommen des Messias geschehen, wie aus Vers 1-3 deutlich wird, vgl. mit Lukas 4,14;21, wo der Herr Jesus nach dem Lesen dieser Prophezeiung sagt: *Heute ist diese Schrift erfüllt vor euren Ohren*

(b) Diese Bekehrung und Wiederherstellung werden nach einer Zerstörung Kanaans geschehen, von Geschlecht zu Geschlecht. Von der babylonischen Gefangenschaft, die nur 70 Jahre dauerte, kann nicht gesagt werden, dass sie von Geschlecht zu Geschlecht andauerte. Denn noch dieselbe Generation kehrte zurück und unter ihnen gab es solche, die sich an die Herrlichkeit des ersten Tempels noch gut erinnern konnten (Esra 3,12).

(c) Sie haben nach der Erlösung aus Babel nicht Doppeltes empfangen, auch nicht nach der Seele. Denn im Allgemeinen waren sie in einer tiefen Unwissenheit, Aberglaube und Gottlosigkeit begraben; wie elend waren sie, als Christus kam! Israel sollte nach dieser Erlösung gleichwohl seien *Bäume der Gerechtigkeit pflanzen dem HERRN zum Preise.* Die Erlösung aus Babel war auch keine Erlösung nach dem Leib, denn sie haben die ganze Zeit nach der Wiederherstellung aus Babel bis zur Zerstörung Jerusalems, was eine Zeit von etwa 500 Jahren war, in fortwährender Unruhe, unter Schlägen, Kriegen und Fremdherrschaft leiden müssen. Sie haben das Land nicht zum Erbteil erlangt, sondern wurden daraus vertrieben, so wie es in unserer Zeit ist.[6]

(d) nach dieser Erlösung würde besonderer Glanz und Herrlichkeit auf Israel liegen; sie würden *Priester des HERRN heißen.* Im Alten Testament blieb das Priesteramt bei dem Stamm Levi, aus

6 gemeint ist à Brakels Zeit

dem Hause Aaron, und anderen Stämmen war dies verwehrt. Aber hier wird eine Zeit vorhergesagt, in der die ganze Nation so verherrlicht sein und alle eine solche Annäherung an Gott haben würden wie die Priester. Nach ihrer Erlösung aus Babel sind sie nie in jener Lage gewesen, in der sie nach der Erlösung, die hier verheißen wird, sein würden: *Und man soll ihren Samen kennen unter den Heiden und ihre Nachkommen unter den Völkern, dass, wer sie sehen wird, soll sie kennen, dass sie sein Same sind, gesegnet vom HERRN.* (Jes 61,9). Aus alledem geht deutlich hervor, dass dieser Text nicht von der Erlösung aus Babel spricht, sondern von einer Bekehrung und einer Wiederherstellung, die noch zu erwarten ist und die hier als gewiss verheißen wird.

5. Der fünfte Nachweis aus Jeremia 31,31

Den fünften Nachweis entnehmen wir Jeremia 31,31: *Siehe, es kommt die Zeit, spricht der HERR, da will ich mit dem Hause Israel und mit dem Hause Juda einen neuen Bund machen. Vers 33: Sondern das soll der Bund sein, den ich mit dem Hause Israel machen will nach dieser Zeit, spricht der HERR: Ich will mein Gesetz in ihr Herz geben und in ihren Sinn schreiben; und sie sollen mein Volk sein, so will ich ihr Gott sein. Vers 34: … sie sollen mich alle kennen, beide, klein und groß, spricht der HERR. Denn ich will ihnen ihre Missetat vergeben und ihrer Sünden nimmermehr gedenken. Vers 36: Wenn solche Ordnungen (des Tages und der Nacht) vergehen vor mir, spricht der HERR, so soll auch aufhören der Same Israels, dass er nicht mehr ein Volk vor mir sei ewiglich. Vers 37: … Wenn man den Himmel oben kann messen und den Grund der Erde erforschen, so will ich auch verwerfen den ganzen Samen Israels um alles, was sie tun, spricht der HERR. Vers 38: … dass die Stadt des HERRN soll gebaut werden … Vers 40: und das Tal der Leichen und Asche samt dem ganzen Acker bis an den Bach Kidron* (was unreine Orte waren) … *wird dem HERRN heilig sein, dass es nimmermehr zerrissen noch abgebrochen soll werden.*

Dass die geistlichen Güter, wie in Vers 33-34 berichtet, Güter des Neuen Testaments sind und dass die Heiden ihrer teilhaftig geworden sind, ist deutlich. Die Heiden würden diese Güter nicht allein besitzen, sondern der Text sagt, dass Israel und Juda ihrer auch teilhaftig werden. Israel und Juda, das ist das jüdische Volk. Die Gemeinde, die Gläubigen aus den Heiden, sind damit nicht gemeint; diese tragen nie den Namen von Israel und Juda im Neuen Testament. Es wird nicht nur ein Rest gläubig werden, sondern sie werden alle, *klein und groß* den Herrn erkennen; der ganze Same Israels wird nicht verworfen, sondern soll gerettet werden. Dies wird geschehen nach einer großen Zerstörung und Zerstreuung. Jerusalem wird wieder aufgebaut und erweitert werden; außerdem werden die unreinen Orte in Jerusalem erlöschen. Hier kann es keine Ausnahmen geben, so dass hier von der Erlösung aus Babel gesprochen werden könnte, (a) denn es soll nach der Ankunft des Messias geschehen (V. 22); nach dem Kindermord in Bethlehem (V. 15). (b) Nach der Wiederherstellung aus Babel hatte Israel diese Güter nicht, weder die geistlichen, noch die leiblichen, wie man nicht bestreiten kann. (c) Diese sind 500 Jahre später ausgerissen und abgebrochen worden, aber nach dieser Wiederherstellung würde dies in Ewigkeit nicht geschehen. So dass aus diesen Schriftstellen hervorgeht, dass das jüdische Volk dereinst sicher bekehrt und in seinem Land wiederhergestellt werden wird.

6. Der sechste Nachweis aus Hosea 3,4-5

Den sechsten Nachweis entnehmen wir Hosea 3,4-5: *Denn die Kinder Israel werden lange Zeit ohne König, ohne Fürsten, ohne Opfer, ohne Altar, ohne Leibrock und ohne Heiligtum bleiben. Darnach werden sich die Kinder Israel bekehren und den HERRN, ihren Gott, und ihren König David suchen und werden mit Zittern zu dem HERRN und seiner Gnade kommen in der letzten Zeit.*

Der Text spricht von den Kindern Israel, vom jüdischen Volk. Ihnen wird eine langanhaltende Verlassenheit vorhergesagt, in der sie weder ein Haupt über sich haben werden, noch wahren Gottesdienst noch Abgötterei. Hiernach wird vorausgesagt, dass sie sich in den letzten Tagen wieder bekehren und Christus als den Messias erkennen und annehmen werden. Hieraus wird klar ersichtlich, dass noch eine allgemeine Bekehrung der Juden zu erwarten ist, die zurzeit noch in jenem Zustand sind, der hier beschrieben wird. Ein Einwand könnte sein, dass hier von der Erlösung aus Babel gesprochen wird, der Text zeigt aber das Gegenteil. (a) Israel ist in Babel nicht in dem Zustand gewesen, der hier beschrieben wird; sie hatten noch immer Fürsten und Obrigkeiten, die sie mit Erlaubnis der Könige von Babylon regierten; sie hatten noch Priester, die sie lehrten, auch Propheten, zudem war ihre Gefangenschaft nicht lange. (b) Israel hat sich nicht so zum Herrn bekehrt, weder in noch nach der babylonischen Gefangenschaft; (c) Die Wiederherstellung Israels würde nach dem Kommen des Messias erfolgen; sie würden den Messias (David, ihren König) suchen, zu ihm umkehren, ihn als den wahren und verheißenen Messias anerkennen; (d) Dies würde in den letzten Tagen geschehen, und mit diesem Ausdruck ist in der Regel die Zeit des Neuen Testamentes gemeint (Jes 2,2, Joel 2,28, vergl. auch Apg 2,17, Micha 4,1 und Jer 23,20). Dies kann nicht als eine Wiederherstellung aus Babel verstanden werden, sondern es beweist, dass jetzt noch eine derartige Bekehrung zu erwarten ist.

Diejenigen, welche sich weitere Texte wünschen, in welchen die Bekehrung vorhergesagt wird, mögen den nachfolgenden betrachten, um zu beweisen, dass die Juden nicht nur zum Messias umkehren werden, sondern dass sie wieder in Kanaan leben werden.

7. Der siebte Nachweis

Man achte bei diesen Nachweisen der noch zu erwartenden Bekehrung der Juden aus den sechs zuvor genannten Schriftstellen noch auf folgendes: 1. Dass das jüdische Volk in der ganzen Welt abgesondert bleibt. Und dass sie, obwohl ihre Geschlechtsregister verloren sind; sich mit den Völkern, unter denen sie leben, nicht vermischen, weder durch Heirat, noch durch Religion, und dass sie von allen Völkern unterschieden werden, in welchem Land sie auch sein mögen. 2. Dass sie noch immer an den Äußerlichkeiten der jüdischen Gemeinde festhalten: der Beschneidung, den Festtagen, den Speisegeboten, und dass sie sich sorgfältig vor Götzendienst hüten. 3. Dass sie die Heilige Schrift sorgfältig bewahren und ihre Göttlichkeit anerkennen; 4. Sie erwarten immer noch, dass der Messias kommen wird, um sie zu erlösen.

Obwohl diese Dinge ihre Bekehrung nicht beweisen, auch wenn sie den oben erwähnten Prophezeiungen hinzugefügt werden, darf man den Voraussagen umso mehr Glauben schenken, weil die Vorsehung des Herrn über dieses Volk noch so offensichtlich ist und diese es bis zu seiner Bekehrung bewahrt, damit man danach die Erfüllung der Prophezeiungen umso deutlicher sehe.

IV. Die Juden werden wieder in Kanaan leben

1. Frage und Antwort

Nun bleibt noch diese Frage:

Wird das jüdische Volk aus allen Orten der Welt und aus allen Völkern des Erdbodens, unter denen sie verstreut sind, wieder versammelt werden und im Land Kanaan und in all den Ländern, die Abraham versprochen waren, zusammenkommen und dort wohnen und wird Jerusalem wiederaufgebaut werden?

Wir glauben, dass es geschehen wird, aber wir bestreiten, dass der Tempel wieder aufgebaut werden wird und dass darin die vorangegangene Art des Gottesdienstes stattfinden wird, welche vor Christi Ankunft vorbildhaft war, als ob diese nun nachgebildet werden müsse. Außerdem bestreiten wir, dass Israel dann die Herrschaft über die ganze Welt haben wird und dergleichen Dinge, die die Juden sich einbilden und von denen manche Christen träumen. Es wird aber ein eigener Staat sein unter der allerweisesten, gutherzigsten und herrlichsten Regierung. Kanaan wird besonders fruchtbar sein und die Einwohner werden außerordentlich gottesfürchtig leben. Sie werden einen Teil des herrlichen Zustandes der Gemeinde der 1000 Jahre bilden, welcher in Offenbarung 20 vorausgesagt wurde.

Wir werden dies nicht weiter ausführen, um hier noch einmal jede Schriftstelle gegen Einwände, die geäußert werden können, zu schützen, als ob die Texte von der Erlösung aus Babel sprechen würden, weil dies aus den Antworten, die auf die Einwände gegeben worden sind, leicht zu ersehen ist, wenn man die Texte aufmerksam betrachtet und mit dem Zustand ihrer Wiederherstellung aus Babel vergleicht.

2. Belege aus der Schrift

Wir weisen dies aus den beiden behandelten Texten (Jes 61,1-9 und Jer 31,31-40) nach, die wir gegen die Einwände verteidigt haben und die ausdrücklich betonen, dass die Juden in ihr Land zurückkehren werden und dass die zerstörten Orte und Jerusalem wieder aufgebaut werden. Siehe außerdem folgende Schriftstellen:

– 5. Mose 30,1 und 29,22: *Wenn nun über dich kommt dies alles ...,* Nämlich: *dass er all ihr Land mit Schwefel und Salz verbrannt hat, dass es nicht besät werden kann noch etwas wächst noch Kraut darin aufgeht, gleich wie Sodom und Gomorra [...] umgekehrt sind* (Dies ist nicht geschehen während der babylonischen Gefangenschaft; das Land blieb fruchtbar und wurde bebaut. Aber so war Kanaan nach der Zerstörung Jerusalems und es ist beinahe immer noch so) – *und du in dein Herz gehst, wo du unter den Heiden bist, dahin dich der HERR, dein Gott, verstoßen hat,* Vers 2: *und bekehrst dich zu dem HERRN, deinem Gott, ... von ganzem Herzen und von ganzer Seele* – was weder zur Zeit der Rückkehr aus Babylon noch danach geschah – Vers 3-5: *so wird der HERR, dein Gott, dein Gefängnis wenden und sich deiner erbarmen und wird dich wieder versammeln aus allen Völkern, dahin dich der HERR, dein Gott, ver-*

streut hat. Wenn du bis an der Himmel Ende verstoßen wärest, so wird dich doch der HERR, dein Gott, von dort sammeln und dich von dort holen und wird dich in das Land bringen, das deine Väter besessen haben, und wirst es einnehmen, und er wird dir Gutes tun und dich mehren über deine Väter – Dies geschah keineswegs nach der babylonischen Gefangenschaft; diese Zeiten ähnelten nicht der Zeit Davids, Salomos und anderer Könige; es gab ständigen Kampf und Herrschaft von außen und es gab ständigen Aufruhr von innen. Vers 6: *Und der HERR, dein Gott, wird dein Herz beschneiden und das Herz deiner Nachkommen, dass du den HERRN, deinen Gott, liebst von ganzem Herzen und von ganzer Seele, auf dass du leben mögest.* Weil dies sicher an Israel geschehen wird und dies nach der babylonischen Gefangenschaft noch nicht geschehen ist – weder leiblich noch geistlich – so ist nun noch eine derartige Bekehrung nach der Seele und eine derartige Wiederherstellung in Kanaan zu erwarten.

– Amos 9,14-15: *Denn ich will das Gefängnis meines Volkes Israel wenden, dass sie sollen die wüsten Städte bauen und bewohnen … Denn ich will sie in ihr Land pflanzen, dass sie nicht mehr aus ihrem Lande ausgerottet werden, das ich ihnen gegeben habe, spricht der HERR, dein Gott.* Doch nach der babylonischen Gefangenschaft haben sie das Land nur 500 Jahre besessen und wurden danach herausgerissen bis auf den heutigen Tag[7]. Deshalb müssen wir dies noch erwarten.

– Hesekiel 37,21: … *Siehe, ich will die Kinder Israel holen aus den Heiden, dahin sie gezogen sind, und will sie allenthalben sammeln und will sie wieder in ihr Land bringen.* Vers 22: *und will ein*

7 gemeint ist à Brakels Zeit

Volk aus ihnen machen im Lande auf den Bergen Israels, und sie sollen allesamt einen König haben; – nach Babel haben sie selbst keinen König gehabt – Vers 24: *Und mein Knecht David* (Christus) *soll ihr König und ihrer aller einiger Hirte sein. Und sie sollen wandeln in meinen Rechten und meine Gebote halten und darnach tun.* Vers 25: *Und sie sollen wieder in dem Lande wohnen, das ich meinem Knecht Jakob gegeben habe, darin ihre Väter gewohnt haben. Sie sollen darin wohnen ewiglich, und mein Knecht David soll ewiglich ihr Fürst sein.* Dies ist nach der babylonischen Gefangenschaft an Israel nicht geschehen, weder nach der Seele, noch nach dem Leib. Es wird geschehen in den Tagen des Messias, nach seiner Ankunft, nach welcher die Juden das Land Kanaan nicht bewohnt haben, von Geschlecht zu Geschlecht; das Land aber ist zerstört und sie sind verstreut. Darum wird diese Zeit dereinst kommen.

– Jesaja 62,1-4: *Um Zions willen will ich nicht schweigen, und um Jerusalems willen will ich nicht innehalten, bis dass ihre Gerechtigkeit aufgehe wie ein Glanz und ihr Heil entbrenne wie eine Fackel, dass die Heiden sehen deine Gerechtigkeit und alle Könige deine Herrlichkeit; und du sollst mit einem neuen Namen genannt werden, welchen des HERRN Mund nennen wird. Und du wirst sein eine schöne Krone in der Hand des HERRN und ein königlicher Hut in der Hand deines Gottes. Man soll dich nicht mehr die Verlassene noch dein Land eine Verwüstung heißen; sondern du sollst „Meine Lust an ihr“ und dein Land „Liebes Weib“ heißen: denn der HERR hat Lust an dir und dein Land hat einen lieben Mann.* Israel wird an jenem Tage so genannt, und es ist die Verlassene und ihr Land zerstört. Dies kann von ihnen nach der babylonischen Gefangenschaft nicht gesagt werden, in welcher Zeit Israel auch nicht in jenem herrlichen

Zustand war, welcher hier beschrieben wird. Daher wird diese Zeit noch kommen.

– Sacharia 2,8: *… Jerusalem wird bewohnt werden ohne Mauern vor großer Menge der Menschen und Viehs …*

Sacharia 12,6: *… Und Jerusalem soll auch fürder bleiben an ihrem Ort zu Jerusalem.* Vers 8: *Zu der Zeit wird der HERR beschirmen die Bürger zu Jerusalem, und es wird geschehen, dass, welcher schwach sein wird unter ihnen zu der Zeit, wird sein wie David;, etc.;*

Sacharia 14,10: *… Und sie* (Jerusalem) *wird erhaben sein und wird bleiben an ihrem Ort, …* Vers 11: *Und man wird darin wohnen, und wird kein Bann mehr sein; denn Jerusalem wird ganz sicher wohnen.*

Jerusalem war nach der babylonischen Gefangenschaft nicht in einem solchen Zustand; Es ist zum einen nun zerstört und zum andern nun verbannt. So passt dies nicht zur Rückkehr aus Babylon, jedoch schon zu einer Zeit, die noch kommt. Hieraus geht deutlich hervor, dass das jüdische Volk dereinst bekehrt werden wird und in sein Land Kanaan kommen wird, um es zu bewohnen.

3. Widerlegung von Einwänden

Einwand:

Alle zuvor genannten Schriftstellen sprechen vom herrlichen Zustand der Gemeinde im Neuen Testament, und alle Aussagen müssen geistlich verstanden werden, nicht aber von der Bekehrung der Juden und ihrer Wiederherstellung in Kanaan.

Antwort:
Das wird zwar gesagt, aber nicht bewiesen. An allen Stellen wurde deutlich gezeigt, dass sie von Israel sprechen, und davon, was es erleben würde, sowohl an Seele als auch an Leib.

Einwand:
Daniel 9,26: *Und nach den zweiundsechzig Wochen wird der Gesalbte ausgerottet werden und nichts mehr sein. Und das Volk eines Fürsten wird kommen und die Stadt und das Heiligtum zerstören, dass es ein Ende nehmen wird wie durch eine Flut; und bis zum Ende des Streits wird's wüst bleiben.* Vers 27: *... Und bei den Flügeln werden stehen Greuel der Verwüstung, bis das Verderben, welches beschlossen ist, sich über die Verwüstung ergießen wird.*

Hier wird gesagt, dass es fest beschlossene Verwüstungen geben wird bis zum Ende; die jüdische Nation wird sich also nicht wieder bekehren und nach Kanaan kommen, um es in Besitz zu nehmen.

Antwort:
Der Engel Gabriel kündigt Daniel nicht nur die Erlösung aus Babel an, sondern auch die Zeit, wann der Messias in Kanaan geboren werden, leiden und sterben wird, und wie es den Juden in Kanaan ergehen wird; fortwährend soll Krieg sein, bis Jerusalem bis auf die Grundmauern zerstört sein wird, was fest beschlossen war und daher sicher kommen würde. Hier wird nicht gesagt, was mit dem jüdischen Volk und Jerusalem nach der Zerstörung geschehen würde, sondern was seiner Zerstörung vorangehen würde und was dem Volk kurz nach dem Tode Christi widerfahren sollte: *bis zum Ende des Streits* (oder: Krieg bis ans Ende), nicht der Welt,

sondern von Jerusalem. Der Streit würde nicht eher enden, bevor nicht Jerusalem durch die Römer furchtbar zerstört sein würde; der Krieg würde also mit Jerusalems Ende aufhören. So widerspricht dieser Text der Bekehrung der Juden und ihrer Wiederherstellung in ihrem Land nicht.

V. Aufgaben und Pflichten

Die Bekehrung des jüdischen Volkes und seine Wiederherstellung in Kanaan haben wir nicht aufgezeigt, nur um hierüber Kenntnis zu haben und dies von ferne anzusehen, sondern damit wir tüchtig seien in der Ausübung verschiedener Pflichten:

1. Siehe Gottes Unveränderlichkeit

Sieh darin andächtig die Unveränderlichkeit des Bundes Gottes mit Abraham und seinem Samen. Gott bricht Seine Versprechen nicht, trotz all ihrer Sünde und Beharrlichkeit darin; nicht eines all dieser guten Worte, die Er zu ihnen sprach, wird Er zu Boden fallen lassen. Preist Gott darin und werdet dadurch gestärkt in der Unveränderlichkeit des Bundes der Gnade und seiner Verheißungen, die Gott an euch Gläubigen sicher erfüllen wird, und erwartet diese im Glauben mit Langmut.

2. Verachtet nicht das jüdische Volk

Verachtet das jüdische Volk nicht. Römer 11,18: *So rühme dich nicht wider die Zweige,* die natürlichen Zweige kommen vom Ölbaum, in welchem ihr, als Zweige eines wilden Ölbaums – entgegen der Natur – eingepfropft seid; Vers 20: *Sei nicht stolz, sondern fürchte dich.* (a) Sie werden von den Unbekehrten genug verachtet; (b) Sie stehen im selben Bund mit Abraham, ihrem Vater. (c) Sie sind *Geliebte um der Väter willen* (Röm 11,28). Lasst darum eine zuneigende Liebe zu ihnen in uns aufsteigen. Sie sind Kinder des Bundes, Apostelgeschichte 3,25. (d) Sie werden dereinst bekehrt werden und ein herrliches und heiliges Volk über allen Völkern des Erdbodens sein. Achtet sie darum, ehrt sie und habt sie lieb.

3. Habt Mitleid mit ihnen wegen ihres Gottesdienstes

Habt Mitleid mit ihrem Zustand, der so elendig ist nach dem Leib, verachtet und verschmäht unter allen Völkern, mit einem gerechten Urteil Gottes über sie wegen der Verwerfung Christi. Noch elendiger sind sie nach der Seele, denn sie verachten den Herrn Jesus, den wahren Messias, mit einem bösartigen Hass. Sie leben ohne den wahren Gottesdienst, ja, sie haben einen Gottesdienst, der eigentlich kein Gottesdienst ist, und dennoch begnügen sie sich merkwürdigerweise damit, so dass sie in einem Zustand leben, in dem sie nicht selig werden können, sondern nichts anderes zu erwarten haben als die ewige Verdammnis.

4. Betet für ihre Bekehrung

Betet für ihre Bekehrung. Wie sehr haben sie für die Bekehrung der Heiden gebetet! Wie sehr freuen sie sich über die Prophezeiungen, dass die Heiden dereinst bekehrt werden sollen! Tut dies dann auch zu ihrer Bekehrung, denn das könnt ihr im Glauben bitten, weil sie gewiss noch bekehrt werden.

5. Weckt Eifersucht in ihnen durch ein heiliges Leben

Zeigt durch ein heiliges Leben, das ihr in den Fußstapfen ihres Vaters Abraham wandelt. Das Leben vieler sogenannter Christen ärgert sie und hält sie davon ab, an Christus zu glauben. Sie wissen nicht, zumindest sehr wenig (von ihnen), dass es unter den Christen noch viele gibt, die den Herrn, den Gott Israels, fürchten und lieben. Zeigt darum das Ebenbild des Herrn Jesus durch einen heiligen Lebenswandel, damit sie davon überzeugt werden mögen, bzw. in ihnen noch Eifersucht geweckt werden möge. Nehmt derweilen die Gelegenheit wahr, freundlich mit ihnen zu reden; lasst ihnen eure Zuneigung dadurch deutlich werden, dass ihr ihre Wiederherstellung in Kanaan noch erwartet. Sprecht über den Herrn Jesus unter dem Namen des „Messias“; sprecht über den Schrecken der Sünde und über die ewige Verdammnis, die auf die Sünde folgt und zeigt, wenn ihr könnt, aus der Schrift des Alten Testamentes, dass der Mensch aus Werken nicht gerechtfertigt werden kann vor Gott, und das all ihr Tun sie nicht gerecht machen kann. Zeigt ihnen aus dem Alten Testament, dass der Messias mit seinem Tod (für) die Sünden bezahlen, die Menschen mit Gott versöhnen und die Seelen bekehren würde. Beweist dies mit Jesaja 53, Jesaja 61 und Daniel 9. Vielleicht werdet ihr noch einige retten. In jedem Fall habt ihr eure Pflicht getan, und es wird zur Freude eurer Seele sein, dass ihr das getan habt.

Hütet euch aber sorgfältig davor zu streiten, um ihnen keine Gelegenheit zum Lästern zu geben und euch durch ihre Schmähungen zu kränken. Ihre nationale Bekehrung wird nicht in unseren Tagen kommen, doch sie wird noch kommen. Der Herr wird es zu Seiner Zeit eilen. Der Herr sei Seinem alten Volk gnädig! Ach, dass doch der Erlöser aus Zion käme, um die Gottlosigkeit Jakobs abzuwenden! Dann wird Israel sich freuen, und die Heiden werden jauchzen und gemeinsam werden sie dem Herrn Ehre und Herrlichkeit und Danksagung geben. Halleluja!

Bibelstellenverzeichnis

... das Gute behalten!

SOLA GRATIA
Medien

Über **Sola Gratia Medien**®

Sola Gratia Medien wurde 2019 gegründet, um bibeltreue Literatur zu publizieren. Hierbei soll ein Schwerpunkt auf solchen Büchern liegen, die

- auf der Bibel als irrtumsfreies Wort Gottes gegründet sind,
- Gottes Gnade verherrlichen,
- theologisch vertiefen und geistlich erneuern sowie
- sich den geistigen Quellen der Reformation verpflichtet fühlen.

Weitere Informationen finden Sie unter
www.solagratia.de – info@solagratia.de

Die Verlagsarbeit wird getragen durch:

RGH

Reformations-Gesellschaft-Heidelberg e. V.
Postfach 100141
57001 Siegen · Deutschland
www.reformationsgesellschaft.de

STIFTUNG FREUNDE VON
HEIDELBERG & DORDRECHT

Stichting Vrienden van Heidelberg en Dordrecht
Ter Weelstraat 8
7462 RT Rijssen · Niederlande

Tel.: +0031 (0)548 51 57 07
www.svvhed.org

Weitere Empfehlungen

Arie Baars

Einführung in den Heidelberger Katechismus

Zum Verstehen des biblischen Glaubens hat sich kaum ein Hilfsmittel als so geeignet erwiesen wie der Heidelberger Katechismus. Damit aber bei der heutigen Generation Vorurteile gegen das Trostbuch unserer Glaubensvorväter abgelegt werden und seine Funktion und Geschichte besser verstanden wird, ist die vorliegende Einführung in den Heidelberger Katechismus überaus wichtig und hilfreich. Dem Verfasser, Professor Dr. Arie Baars von der Theologischen Universität Apeldoorn, ist es gelungen in leicht verständlicher und knapper Form die wesentlichen Eckpunkte seiner Geschichte, Form und Struktur, theologische Kennzeichen und Wirkungsgeschichte darzustellen. Im Ergebnis macht das Büchlein Appetit und Verlangen, erstmals oder erneut zum Heidelberger Katechismus zu greifen, um mit seiner Hilfe die biblischen Offenbarungen tiefer und gründlicher zu erfassen.

Pb., 104 S.

ISBN: 978-3-948475-01-7

€ 5,90

Weitere Empfehlung

Willem Teellinck

Wie Gott das Herz erfüllt …

Betrachtungen über das Geheimnis der Bekehrung

Willem Teellinck (1579–1629) wurde oft als „Vater der Niederländischen Reformation" („Nadere Reformatie") bezeichnet. Der Zweck der Nadere Reformatie war es, eine wahre, weiterführende Reformation zu erreichen, nicht nur in der theologischen Lehre, sondern auch im praktischen Leben. Man müsse praktizieren, was gepredigt wurde, und das solle im täglichen Leben sichtbar sein. Die Anwendung biblischer Prinzipien auf Familie, Gesellschaft, Kirche, Politik und Staat war das Ziel.

Teellinck zeigt uns die Vergänglichkeit dieser Welt, die dem Herzen keine wirkliche Ruhe geben kann. Auch findet die Seele keinen wahren Frieden in sich selbst. Nur das Herz, das in Gott ruht, besitzt wirkliche Ruhe und wahren Frieden.

In diesem Werk hat Teellinck auf bewegende und tiefe geistliche Weise die Verblendung und Verderbtheit des menschlichen Herzens sowie die Besorgnisse einer suchenden Seele aufgezeigt. Gerade diese ehrliche und reine Seelenanalyse kann ein Trost für die kämpfenden Seelen sein und sie zur einzigen Grundlage des Glaubens führen: Christus.

Geb., 180 S.

ISBN: 978-3-948475-05-5

€ 11,90